素质教育理念下高校体育教学课程体系的建设与发展研究

董晓雪 著

中国农业出版社
北京

前言

　　体育教学作为教育教学的重要一环，在落实素质教育理念、实现素质教育目标方面发挥着积极的作用。在新时代，高校体育教师必须转变体育教育观念，在素质教育理念引领下进一步加强体育教学课程建设，深化体育教学课程改革，实施体育教学创新，提升体育教学课程质量，从而培养德、智、体、美全面发展的复合型人才，满足国家对人才的需要。为构建科学、完善的体育课程体系，促进高校体育教学的进一步发展，作者在查阅大量相关著作文献的基础上，精心撰写了本书。

　　本书共八章。第一章研究了高校体育教学课程建设的学科理论，为后续章节的展开提供了理论依据。第二章结合素质教育背景，介绍和分析了我国高校体育课程建设与发展的基本情况。第三章至第六章分别对高校体育教学目标体系、师资队伍、教学过程体系、教学资源管理体系等方面的建设情况展开研究，从而为整体提升高校体育教学课程的建设水平，完善体育教学课程体系提供了思路。第七章研究了体育信息化教学的实施情况。第八章从实证层面探讨高校体育教学中常见项目的课程建设情况，包括重点球类课程、田径课程、武术课程和健美操课程。

　　总体而言，本书具有以下几个特点。

　　第一，系统性。本书主要以素质教育为背景对高校体育教学课程体系建设展开研究。首先，分析高校体育课程建设的基础理论、基本情况；其次，分别探讨高校体育教学目标建设、师资队伍建设、教学过程体系建设、教学资源管理以及信息化建设；最后，从实践出发针对具体运动项目的教学进行探讨。总体上结构完整，脉络清晰，内容丰富。

第二，理论研究与实证研究兼顾。本书一方面对体育教学课程体系建设与课程优化的理论与方法展开研究，另一方面选取球类、田径、武术、健美操等典型项目探讨其课程建设，从实证研究层面为高校体育教学课程的整体建设与优化提供思路。

第三，与时俱进。本书以素质教育为背景，以高校体育教学课程建设与优化为研究主体，以切实有效进一步落实素质教育理念、培养全面发展的人才为目标进行研究论证。此外，书中涵盖了现代教育技术融入体育教学的内容，符合当代学校教育与社会发展的要求。

在本书的撰写过程中，作者参阅借鉴了许多国内外学者的研究成果，在此对业界前辈和同行表示感谢。由于作者水平有限，书中难免有疏漏之处，恳请同行及读者批评指正。

作　者

2022 年 4 月

目　录

第一章 CHAPTER 1

素质教育理念下高校体育教学课程体系的建设与发展研究

高校体育教学课程建设的
相关学科理论

高校体育教学课程建设是一项系统而复杂的工程，在多学科理论的支持和引导下，体育教学课程建设有理可循，有章可依。本章主要对高校体育教学课程建设的学科理论展开研究，主要包括体育教育学理论、体育管理学理论以及运动训练学理论。

第一节　体育教育学理论

一、体育教育的概念与本质

体育是人类社会中围绕身体教育展开的一种特殊社会文化活动，其以身体练习为基本内容和手段，以促进人们体质增强、身体协调发展以及各方面全面发展为目标。人的全面发展最终能够促进社会的发展，因此可以说体育是为推动社会发展而服务的。教育是以培养人为中心的活动，教育和其他社会活动最本质的区别就在于培养人。在体育教育过程中，受教育者通过科学的身体活动增强体质、提高运动能力、锻炼意志、陶冶情操，最终实现个人的全面、协调发展。

体育教育在某种意义上是为社会政治、经济、文化的发展即社会的整体发展而服务的，而社会的政治、经济、文化环境在不同程度上影响着体育教育的发展，如影响体育教育的目的、内容等。

二、体育教育的育人功能

（一）德育功能

体育教育中包含思想品德教育，主要通过集体体育活动、体育竞赛、体育自主练习等方式实现教育功能。学生参与体育活动，会产生一定程度的机体疲劳，疲劳的积累容易引发抵触情绪，有时还会因为多种因素的共同作用而发生意外伤害事故，如果没有顽强的意志品质作支撑，遇到这种情况，学生很难坚持下去，因此，体育教育是锻炼与培养学生意志品质的有效方式。

参与集体性的体育活动有助于学生团结意识、协作能力及集体主义精神的培养。在以班级或年级为单位的体育比赛中，学生通过与队友相互配合，培养互助友爱精神，通过合理对抗，与对手公平竞争，培养规则和竞争意识，进而为塑造良好的道德品质打下基础。

（二）教养功能

作为教育的重要组成部分，体育教育具有独特的教养功能，即教育和培养功能，对人的发展有着重要的影响。在青少年的成长过程中，体育教育起到积极的促进作用。教师带领学生们跑跳、游戏，组织集体比赛，使学生们在良好的氛围中学会团结合作、学会公平竞争，正确对待成败，养成自觉参与体育运动的好习惯，这都是体育教育所发挥的教养功能。

另外，体育教育对学生的性格、生活方式、生活习惯都有潜移默化的影响。通过体育教育，学生会选择健康的生活方式，并养成良好的生活习惯。学生在体育活动中学习体育与健康知识，掌握科学的体育锻炼方法，从而提升自我保健能力。同时，体育还丰富了学生的课余生活，有助于其保持健康、积极的身心状态。终身体育教育对培养学生的终身体育思想和终身体育锻炼习惯起到了举足轻重的作用。

（三）人文精神教育功能

人文精神是人类为了更好地生存和发展，以真善美的价值理念为核心，不断追求自身解放和自由的一种自觉文化精神。[①] 体育事业长期以来之所以能够不断发展壮大，与其背后的人文精神内涵有着必然的联系。因此在体育教学中既要对学生进行外在的身体教育和技能教育，又要对学生进行深层的人文精神教育。在体育教育中要注重向学生传授人文社会学知识，加强对体育背后的人文精神的宣传，充分发挥体育教育的人文精神教育功能。

---

① 张松奎.体育教育学［M］.徐州：中国矿业大学出版社，2013.

（四）美育功能

时代背景、社会环境都会影响人的审美观的形成，而个人的思想意识、对美的基本认知以及审美标准是决定自身审美倾向的关键因素。人们对美的评判标准不是固定不变的，是随着社会的发展进步而不断丰富和深化的，如不同时期人们对生活中常常提到的"健康美""人格美"等就有着不同的认识与理解。

体育教育能够实现对学生审美能力的培养，从而使学生正确评估自己与他人的气质、体态和健康程度。学生具备一定的审美能力后，也更容易在体育活动中发现美、欣赏美和创造美。

（五）促进个体社会化功能

人从生物个体变成社会个体的过程就是个体社会化。体育教学中采用的分组与合作教学法、讨论法、探究法等方法有助于对学生的社会交往能力进行培养，使学生在与他人合作、交流中学习到他人的长处，并发现自己的不足，积极改进和完善。

在体育教学中培养的豁达乐观、平等友爱、互帮互助、公平竞争的思想意识，对于学生构建和谐的人际关系是必不可少的。开放性的体育教学活动进一步促进了学生人际交往范围的扩大，有助于学生社会适应与交往能力的提升。

三、体育教育的载体——体育课程

体育课程是实施体育教育的重要载体。体育课程是教育课程体系的重要组成部分，是在校学生以身体练习为主要手段，通过合理的体育教育和科学的体育锻炼，达到增强体质、增进健康和提高体育素养为主要目标的必修课程。[1]

体育课程是一门以多学科为基础的综合性课程，与多个学科的关系都很密切。加强体育课程建设，落实体育课程教学，能够使体育教育的功能得到充分发挥，有利于促进体育教育多元育人功能的出现。

随着现代教育理念和体育教育理念的兴起，如终身体育、快乐体育、成功体育等理念的出现，体育课程逐渐形成了多元化的结构，在原有基础上增添了新的内容，如在必修课中增加保健课，开设各种选修课等，同时还将课外体育

---

① 曹丹. 体育健康与体育教育学研究［M］. 天津：天津科学技术出版社，2018.

活动内容纳入体育课程结构体系中，作为体育课程的拓展和延伸性内容。课内形式多样的体育课和丰富多彩的课外体育活动构成了体育课的课程结构体系，如图1-1所示。

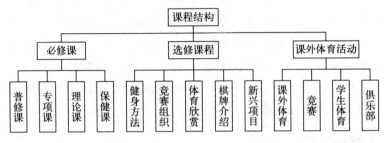

图1-1 体育课的课程结构^①

四、体育教育的结构

体育教育的结构包括内部结构和外部结构。

（一）内部结构

体育教育是有意识、有目的的身体教育过程，施教者的教、受教者的学和二者的相互配合是体育教育的重要组成部分。体育教育有明确的目的，需要借助一定的载体才能实现。概括地讲，体育教育的内部结构包括体育教师、学生、体育教育的目的和载体这几部分。

（二）外部结构

体育教育在学校教育中的地位不可动摇，从学校教育的层次结构来看，学校体育教育的外部结构包括下列几个部分。

1. 学前体育教育

学前体育教育主要是指幼儿体育教育，即在幼儿园面向3～6周岁的幼儿所开展的体育教育。

2. 初等体育教育

初等体育教育主要是指小学体育教育，主要教育对象是7～13岁的小学生。小学生的年龄特点较为明显，可塑性和模仿能力强，兴趣爱好广泛。因

---

① 程辉. 体育新课程背景下学校体育理论研究［M］. 北京：科学出版社，2016.

此在初等体育教育中要根据小学生的特点，参考新课标的要求，选择适宜的体育教学内容、方法和手段来增强学生体质、培养学生兴趣、磨炼学生意志品质。

3. 中等体育教育

中等体育教育主要是指中学体育教育，是初等体育教育与高等体育教育的过渡，起着承上启下的作用。中等体育教育除了连接初等体育教育和高等体育教育外，也将体育教育与社会体育联系起来。因此，中等体育教育在整个体育教育系统中有着重要的地位。

4. 高等体育教育

高等体育教育主要是指高校体育教育，是高等教育的重要组成部分，也是我国体育事业建设和发展的重要环节，具有重要的地位和一定的特殊性，其重要地位表现如下：

第一，高校体育是学校体育的重要组成部分，而学校体育则是国民体育的基础，是发展我国体育事业的需要。

第二，高校体育教育是我国培养身心健康的全面型人才的需要。

第三，高校体育教育是丰富大学生文化生活的需要。

高校体育教育的特殊性表现如下：

第一，高校体育教育既要遵循高等教育的规律，又要与体育的发展形势相适应。

第二，高校体育教育既要重视知识教育的主导性，又要强调竞技体育的重要性。

第三，高校体育教育既要与高校的发展趋势保持一致，又要关注专业体育院校的发展动态。

高校体育教育是学校体育教育的最后一个阶段，其教育教学方法、手段都具有独特性。高校体育教育的目标是促进大学生身心健康，提高大学生的体育意识与体育锻炼能力，使之成为全面发展的人才。这个目标从根本上反映了体育教育的本质特征，符合我国高等教育和体育发展的基本要求，也满足了大学生社会化发展的需要。

五、体育教育与素质教育的关系

（一）素质教育为体育教育的发展指明了方向

为提高个人的综合素质和整体社会素质，我国提出了素质教育理念，实施素质教育有助于实现人从"自然人"向"社会人"的转变。素质教育顺应了教育从社会本位到人本位这一转变的需要，与现代教育改革和发展态势一致。素质教育的提出进一步明确了当代体育教育的地位、目的和意义，为体育教育的发展提供了正确的指导思想和方向指引，促进了"健康第一"教育思想在体育教育中的贯彻落实，同时要求在体育教育中传承体育文化。素质教育要求结合学生实际开展体育活动，注重体育教学内容的实用性，通过体育教学能够使学生获得对其体育能力长远发展和进步有利的知识和技能，并重视体育教育的长期效应。

（二）实施体育教育有利于实现素质教育的目标

个体在先天遗传和后天环境因素的共同作用和影响下而形成的身心特征及其他特质就是所谓的素质。一个人的综合素质是由身体素质、心理素质、道德素质、文化素质、审美素质等多元素质共同构成的。素质教育会促进学生各方面素质协调发展和整体素质的综合提升，即实现全面发展的目的。而实施体育教育则有助于实现素质教育的这一目标。

体育教育在增强学生体质、改善学生心理素质、培养学生道德品质、塑造学生审美观念、健全学生知识结构体系、推动学生社会化发展等方面发挥着重要的作用，体育教育在促进学生全面发展方面的功能是其他学科教育所无法替代的，因此应将体育教育作为推进素质教育全面实施的重要手段，重视体育教育教学领域的发展与创新。

第二节　体育管理学理论

一、体育管理与体育管理学

体育管理是指体育领域里的管理活动，其具有管理的基本含义、特征和性质。具体而言，体育管理是指体育组织中的管理者对体育管理客体通过实施计划、组织、领导、控制等职能，协调他人的活动，发挥各种资源的作用，实现预定目标的活动过程。

体育管理学则是体育科学中的学科之一，是指运用管理学的基本理论和方法，研究体育组织的协调机制，以达到预定体育目标的学科。体育管理学的研究对象主要包括管理者和作为被管理者的人和财、物、时间、信息，以及管理形式和方法等。研究内容主要包括：体育管理的基本原理、体育管理的发展历史、体育管理体制、体育管理的职能、体育管理的过程和方法等。在实践中，通常按照不同领域将体育管理学分为学校体育管理、竞技体育管理、大众体育管理等。本研究属于学校体育管理范畴，在研究过程中，首先要认识与了解体育管理的基本理论，为研究学校体育管理奠定基础。

二、体育管理的基本理论

（一）"以人为本"理论

"以人为本"是现代体育管理的基本理论和指导思想，在"以人为本"理论指引下进行体育管理，就是要以人为核心而开展一切体育管理工作，最大程度地满足人的合理需求和期望。"以人为本"并非空洞的口号，而具有真实的内容和丰富的内涵。只有满足了人的需求，才能将人的积极性激发和调动起来，促进体育管理工作的顺利开展和管理效率的提升。

在"以人为本"的管理理论出现之前，"重事轻人"与"重人轻事"的观点曾对社会管理产生过很大的影响。随着管理理论的不断发展，行为科学管理理论逐渐形成，提出了"以人为本"的管理思想，指出一切管理活动都要以人为主体，做好人的工作即把握住了管理的关键。

体育教育管理的根本目标是把人的身体素质、运动能力、心理承受能力、社交能力、团队协作能力等最大限度地激发出来并加以培养。

"以人为本"理论强调的是，在体育教育管理实践中要把人放在第一位，要着重突出人的价值和作用，通过管理方式加强对人的内在信念、情感和价值观的激发和调动，以及对人外在的行动、选择等进行影响和管理，从而形成最佳的管理效益。在高校的体育教育管理中，人既是管理的主体，比如学校领导和体育教师，同时也是管理的客体，比如学生。在科学的、系统的观念指引下可以使参与管理活动的主体和客体都发挥出自身最好的状态，使高校的体育教育系统良性运转，最终实现管理目标。

总之，在体育教育工作的实施过程中，人居于整个管理活动的中心，一切管理工作都应以调动人的积极性、主动性和创造性为出发点，这是开展体育教育管理工作的重要指导思想。

将"以人为本"管理思想和理论运用到体育管理中，关键要做好以下几方面的工作。

1. 选人

首先，从时代特征出发培养人们的时代精神，培养与时代要求相符的人，培养有知识、有才能、有情怀的新人才。体现在高校体育教育中，就是要选拔高素质、综合能力强的管理者、体育教师、指导员等。

其次，选拔知识丰富、学习能力强、能够学以致用的管理者和体育教师。

最后，选拔社会责任感强、意志力顽强、有奉献精神的体育教师。

2. 用人

首先，了解管理对象的个性、强项、优势，使其在体育管理中最大程度地发挥自己的强项和优势。管理者要知人善用，合理安排岗位，使每个人在自己擅长的领域工作，以提升效率，创造佳绩。

其次，还要明确管理对象的权利、责任，做到权责分明，并保护其合法权益。

3. 管人

区分于传统意义上的人员管理，这里指的是通过科学制度对人加以管理，用激励管理法、动机管理法等科学管理方法将人的能动性、创造性充分调动起来。

（二）系统理论

系统理论产生于 20 世纪 20 年代，但该理论迅速发展并得到广泛应用是在 20 世纪 40 年代之后，这一管理理论的实用价值很强，主要在经济、军事、农业、工业、体育和教育等领域的管理中得到广泛应用。

系统理论的基本观点是，任何事物都是一个由诸多要素组成的有机"系统"，系统内各个组成部分之间密切联系，同时系统内部与系统外部环境也存在一定的联系，系统内、外部环境之间及系统内各组成部分之间是互相联系、互相影响和互相制约的，有机把握系统内部联系，处理好系统内外关系，有助于促进系统功能的增强和系统运作效率的提升。

现代体育有三大支柱，分别是体育科学、体育技术和体育管理，体育技术的发展和体育管理的落实都离不开体育科学，体育科学的发展也离不开体育技术和体育管理这两个必要条件。在现代体育管理中，从行为科学理论出发，充分发挥管理基本职能（决策计划职能、组织指挥职能、控制职能等）来促进各项管理要素（管理主体、管理客体、管理环境、管理中介等）的有机组合及其效能的发挥，从而完成管理任务。

在系统理论下进行体育管理，重点要做到以下几点。

1. 优化系统结构

优化体育管理系统，主要是分清管理层次，确保决策层、管理层、控制层等各个层次清晰可分。要合理组建领导班子，优化人员结构。

2. 明确系统的目标

第一，要依据科学理论和实践经验而制定符合体育发展现状的正确、具体的系统目标。

第二，要确立不同类型的目标，如长期目标与短期目标，集体目标和个人目标等。要量化目标，以便对照目标而评价管理系统的运行效果。

系统目标不止一个，要分清主次及先后次序，按一定的顺序与逻辑合理排列目标，按目标排序来有条不紊地开展管理工作，依次实现各个管理目标，最终实现管理总目标。

3. 树立全局观

现代体育管理系统中各要素紧密联系，要做好各要素之间的协调工作，从全局视角出发而推动系统的整体运作，提升整体效率。在体育管理中既要观察系统的运行现状，又要预测系统的未来运行趋势，评估风险，在实现短期阶段性目标的基础上逐步实现长远目标。

树立体育管理的全局观，还要对管理系统的运行规划做总体设计，对系统运行中的薄弱环节有所把握，并依据理论与现实来判断系统运行的风险。

三、学校体育管理

(一) 学校体育管理的原则

1. 导向性原则

学校体育管理的目标是完成国家赋予的"育人"任务。根据育人目标和现实要求，学校必须结合自身体育课程发展水平而制定相应的管理措施。

2. 整体性原则

在学校体育管理中要整体协调各方面的关系，正确处理体育教学、课余体育训练、体育锻炼及运动竞赛之间的关系。

3. 计划性原则

计划是管理的首要环节，在学校体育管理中要做好规划，全面部署学校体育系统管理工作，从宏观到微观，统一计划、统一实施。[①]

(二) 学校体育管理的内容

学校体育管理是一项较为复杂的系统工程，包含多项任务、多种结构和多

---

① 肖林鹏. 现代体育管理 [M]. 北京：北京体育大学出版社，2009.

个系列。学校体育管理的内容大概包括学校体育专业管理和学校体育保障体系管理两大类别，各类中又包含若干具体的管理内容。学校体育管理的内容体系如图1-2所示。

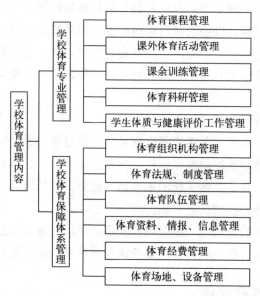

图1-2　学校体育管理内容体系①

学校体育管理内容较多，限于篇幅，下面只分析学校体育专业管理中的体育课程管理和课外体育活动管理，从而为提高体育课程建设质量及课外体育活动的开展水平提供借鉴。

1. 体育课程管理

在学校体育改革与管理中，体育课程管理既是重点，也是难点，它是一项包含诸多因素的系统工程。从系统理论出发，一般认为学校体育课程管理系统包括三个分支，分别是教师教学管理、学生学习管理和课程支撑管理，每个分支下又包含具体的管理内容和要素，完整的体育课程管理系统如图1-3所示。

下面具体分析体育课程管理系统中的三大子系统和具体管理事宜。

（1）教师教学管理系统

在体育课程管理系统中，教师教学管理系统居于核心地位，直接影响其他两个子系统。教师教学管理中主要涉及以下三个方面的管理事宜。

---

① 肖林鹏．现代体育管理［M］．北京：北京体育大学出版社，2009.

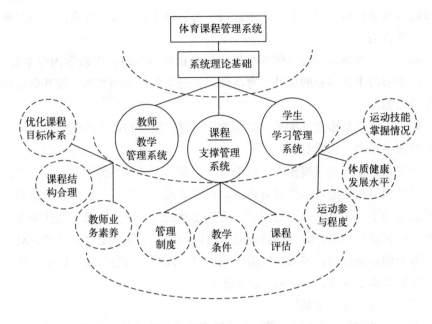

图1-3 体育课程管理系统①

第一，对体育课程目标体系进行优化，对体育课程目标的层次、难度及要求要有正确的把握。

第二，将体育课程结构合理化。体育教学模块和体育教学内容的组合与搭配就是所谓的体育课程结构。合理化的体育课程结构不仅包括体育课堂教学结构的合理化，还包括课外体育活动中众多模块与体育课程教学内容搭配的合理化，如体育教学内容与课余训练模块、身体素质锻炼模块、运动竞赛模块等的合理搭配。

第三，提升教师业务素养，侧重于丰富体育教师的理论知识，优化知识结构，提升体育教师的教学技能和教学创新能力。

在体育教师教学水平与教学质量的评价中，可以将以上要素作为主要评价指标。

（2）学生学习管理系统

在学校体育课程管理系统中，学生学习管理是根本。在学校体育教育中要树立"健康第一""以人为本"和"素质教育"的思想与理念，一切从学生的

---

① 顾圣益. 现代体育管理学：理论与应用［M］. 大连：大连理工大学出版社，2004.

现状和发展需求出发，从社会对人才的需求出发，对学生的知识素养、技能素养及综合素质进行培养。在对学生进行学习管理中，主要的管理内容和要素包括下列几方面。

第一，运动参与程度。体育教师要科学指导学生将课堂教学内容掌握好，鼓励学生参与丰富多彩的课外体育活动，提升学生的运动兴趣，使其形成良好的运动习惯。

第二，体质健康发展水平。鼓励学生通过积极参与课内外体育活动而提升体质健康水平和生活质量。

第三，运动技能掌握程度。对于学生而言，在体育课程学习中最主要的任务就是掌握运动技能，学生只有将运动技能掌握好，拥有一定的运动能力，才能采取运动手段来增强自己的体质。需要注意的是，学生掌握运动技能并不是完成的指标越高越好，掌握的技能越多越好，而是要掌握适合自己的、对自己健康有利的运动技能，如果一味追求高难度、高指标则容易发生运动损伤，危害学生的健康，并挫伤学生的运动积极性。

（3）课程支撑管理系统

在体育课程管理系统中，课程支撑管理居于基础地位，具有保障功效，对保障体育课程实施成效具有重要意义。体育课程支撑管理系统具体包括下列内容。

第一，管理制度。建立合理的学校体育管理组织机构，制定机构的运行机制和学校的体育课程管理制度。

第二，教学条件。对学校的体育教学资源进行优化，尽可能满足课内外体育活动开展的需要，满足学生参与校园体育活动的需求，提升学生的运动兴趣、参与积极性和参与效果。

第三，课程评估。定期检查体育课程目标的达成情况，从学校评估、教师评估、学生评估三个层次着手，将自评、互评、他评，定性评价和定量评价等多种评价方式有机结合起来。

学校体育课程管理系统的三大分支相互关联、相互促进，充分反映了体育课程管理的系统性和整体性。对于学校在体育课程建设方面的投入程度可以从上述三方面着手制定标准来进行评估。

2. 学校课外体育活动管理

在学校体育管理中，课外体育活动管理是非常重要的组成部分。课外体育活动的开展是增强学生体质和提高学生健康水平的重要路径。加强这方面的管理，有助于完善学生体育知识体系，提升学生体育学习兴趣，培养学生良好的运动习惯，提升学生的自主锻炼能力和自我保健能力。

在学校课外体育管理中，要建立符合学校体育目标的组织管理体系，该组织体系一般由主管体育的校领导牵头，下设具体的职能部门，职能部门下面又包括具体的年级组织管理和班级组织管理单位，系统性统筹开展课外体育管理工作。在学校课外体育活动的组织管理体系中，既有纵向层次之间的联系，也有横向各部门之间、各年级之间以及各班级之间的相互协调，把握好纵向与横向关系，有序开展管理工作，将有利于促进学校课外体育活动的顺利开展，提升开展效率和水平。高校在体育管理中具体可参考图1-4来组建学校课外体育组织管理体系，从而顺利开展各类课外体育活动。

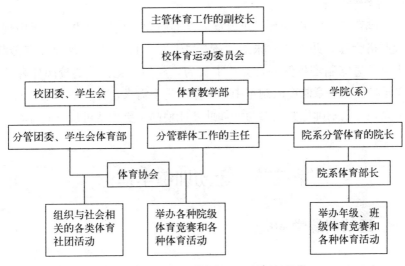

图1-4 学校课外体育组织管理结构[①]

（三）学校体育管理的方法

1. 行政管理法

学校体育管理机构行使行政权力，发布条例或指令，以口头形式或书面形式直接干预和管理学校体育活动，直接影响师生体育行为的管理手段就是行政管理法。

2. 教育管理法

教育管理法是学校体育管理中必不可少的一种方法，实施教育管理法要坚守学校办学理念，选择符合学校体育教学现状的教育手段。

在学校体育管理中采用教育管理法时，要从客观事实出发，以理服人，加

---

① 顾圣益. 现代体育管理学：理论与应用 [M]. 大连：大连理工大学出版社，2004.

强教育。管理对象的不同决定了具体管理方法的不同，比较常用的管理方法有集体教育管理法、个人教育管理法、语言教育管理法以及书面教育管理法等。

3. 目标管理法

在学校体育管理中，目标管理法运用最为频繁，效果也最好。采用这种管理方法，要立足学校体育发展现状和未来趋势而提出学校体育发展目标，制定发展计划，鼓励学校体育工作者和学生为实现目标而共同努力。需要注意的是，学校体育发展目标应该准确清晰，是师生通过努力可以达成的，同时，尽量确立能够量化的目标，以便于对照目标来评价达成效果。

4. 制度管理法

学校体育工作的开展离不开规章制度的引导、规范和约束。运用规章制度进行严格管理，并不是一味地"管""卡""压"，而是要加强宣传教育，使师生自觉遵守制度条例，自觉约束行为，共同创建良好的校园体育环境。

在学校体育规章制度的制定中，要立足现实需求，并着眼未来，同时应遵守民主原则，鼓励师生共同参与，如此才能使师生更加认可规章制度，并自愿遵守。

第三节　运动训练学理论

一、运动训练学的概念

运动训练学是一门根据各运动项目的共性，从宏观角度对训练过程进行指导、检测和控制的体育应用学科，是专门研究和探索运动训练过程各种规律，以提高运动成绩为目的的理论，是研究运动训练过程中的一般规律，探讨运动训练的目的、内容、原则、方法、措施及检查与评价运动训练效果的学科。[1]

二、运动训练学的理论体系

运动训练学是一门年轻的学科，随着现代体育科学的发展和科技成果的转化，运动训练学理论发展迅速，初步形成了独立的理论体系，极大地促进了世界体育运动训练水平的提高。

---

[1]　杨桦，李宗浩，池建. 运动训练学导论 [M]. 北京：北京体育大学出版社，2007.

(一) 运动训练学理论体系的形成

运动训练学理论是基于运动训练实践而形成与发展起来的，其与运动训练实践的产生与发展是相辅相成的。运动训练学理论体系的形成如图1-5所示。

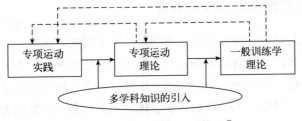

图1-5 运动训练学理论体系[①]

(二) 运动训练学的理论体系结构

描述运动训练学的理论体系时，一般从横向和纵向两个维度进行构架。运动训练学理论体系两个维度的结构示意图如图1-6所示。

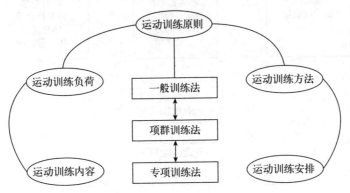

图1-6 运动训练学的理论体系结构

1. 横向结构

从横向维度来看，运动训练学的理论体系主要包括运动训练的原则、方法、内容、负荷及安排等内容。

2. 纵向结构

从纵向维度来看，运动训练学的理论体系主要包括一般训练学、项群训练学和专项训练学三个层次。

---

① 曹青军. 运动训练理论与实践 [M]. 北京：北京理工大学出版社，2010.

第一，一般训练学是指适用于所有运动项目的运动训练学理论。

第二，项群训练学是指适用于部分具有共同特征的运动项目的运动训练学理论。

第三，专项训练学是指仅适用于一个运动专项的运动训练学理论。

（三）运动训练学理论体系的完善

运动训练是影响运动员体育比赛结果的重要因素，此外，气候、心理、对手、环境等诸多因素也直接影响运动员的比赛成绩。所以，为了解决与处理运动训练实践中的各种问题，有必要进一步健全与完善运动训练学理论体系，积极借鉴体育教育科学、人体运动科学、体育人文社会科学等相关理论学科的研究成果。运动训练学具有综合性，与其他相关学科相互作用，各学科的互动关系如图1-7所示。

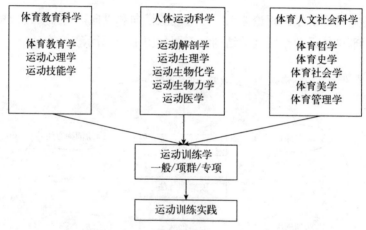

图1-7　运动训练学与相关学科的互动

三、高校体育运动训练课程改革

在高校体育课程体系的建设中，运动训练课程是非常重要的组成部分，这一课程的开设主要以增强学生体质、提升学生的运动技能水平为目标。高校体育运动训练课程强调培养学生的综合素质，培养全面发展的高校人才，这就要求高校建立多样化、多元化的课程体系和健全的课程实施机制，以满足学生的个性化运动需求和竞技能力发展需求，促进大学生体能、运动能力、比赛能力及心理素质的全面发展。目前，我国高校体育运动训练课程体系在建设中存在一些问题，迫切需要改革，以推动运动训练课程体系建设，提升课程质量。

（一）高校体育运动训练课程现状

1. 课程内容与市场需求不符

当前，我国一些高校开设的运动训练课程存在教育内容陈旧落后，与市场需求不符的情况，这直接影响了课程的先进性和系统性，影响了学生的学习效果，同时也影响了这一课程在高校的可持续发展。当前，随着我国竞技体育和体育产业的发展，国家对体育人才的需求逐步增加，这些人才包括运动员、教练员、体育经纪人等，但高校运动训练课程内容陈旧、单一的现状影响了复合型体育人才的输出，急需进行改革。

2. 竞技体制处于缺失状态

在国家体育总局的领导下，我国竞技体育事业取得了空前的发展，高校竞技体育是我国竞技体育事业的重要组成部分，但高校竞技体育的发展缺乏健全的竞技体制。这导致高校在运动员招生、训练、参赛等方面都存在很多问题。因为相关政策和标准的缺失或落实不到位，限制了高校体育运动训练课程的发展，直接影响了竞技体育人才的培养进程。

3. 大学生缺乏自主管理意识

在高校体育运动训练课程实践中，大学生以参加运动训练为主要学习任务，这一任务对大学生的自我管理意识与能力提出了较高的要求。如果大学生拥有强烈的自我管理意识和良好的自我管理能力，可以积极参与运动训练，注重自我管理，将有助于提升训练成绩，并保持最佳健康和竞技状态，这对提升运动训练课程教学效果具有重要意义。当前，我国大学生运动员在运动训练中尚存在一些不规范的行为举止，缺乏自我管理意识与能力，这对于体育人才教育与培养、运动训练课程的完善提出了更高的需求。

（二）高校体育运动训练课程改革建议

1. 根据市场情况设置课程内容

在高校体育运动训练课程建设中，要对传统育人模式进行改革，做好市场调查研究工作，然后根据现实需求有针对性地进行运动训练课程改革，真正发挥这一课程的育人作用，培养学生的体育素养和实践能力，培养符合市场需求的体育人才，为学生顺利就业打好基础。

对运动训练课程内容不仅要进行优化设置，还要高质量地落实这些内容。这就需要不断提高体育教师或教练员的业务能力，因此高校要加强对在校体育教师与教练员的专业培训，使其掌握先进的理论知识，具备良好的实践指导能力。只有施教主体综合素质得以提升，课程教学质量才可以得到切实提升。

2. 完善竞技体制，培养优秀人才

为了培养优秀的体育人才，高校应注重对运动员招生制度、训练机制及管理制度予以建立和完善，构建系统化的课程管理体系，提升人才培养效果，最大程度地实现高校体育运动训练课程目标。

在高校体育运动训练教学的组织开展中，既要做好理论教学工作，又要加强运动训练实践，只有将二者有机结合，明确学生的理论学习任务和实践训练任务，才能夯实大学生的体育理论基础，提升其训练成绩。

3. 加强思想教育，提升大学生的自我管理能力

为了使大学生拥有自我优化和自我完善的能力，使其自觉追求全面发展，在高校体育运动训练课程实施中，应从大学生的个性特征、训练水平着手而对课程结构与课程实施模式予以设计和安排，突出课程的灵活性和实用性，激发学生的学习兴趣，提升课堂教学效率和教学效果。

为了调动大学生运动训练的热情，并长期保持这种热情，教练员要善于运用激励教学法来激励学生，增强学生的自信，强化训练的动机。此外，在进行运动训练理论教学时，要深入浅出地输出知识，便于学生理解和掌握。在学生自主训练中，要以表扬和鼓励为主，引导学生在独立与集体训练中自觉规范与约束个人行为，在符合要求和规则的前提下进行开放性的练习，不能生硬照搬规章制度压制学生，以免学生对运动训练课程产生畏惧或厌恶情绪。

第二章 CHAPTER 2
素质教育理念下高校体育教学课程体系的建设与发展研究

素质教育背景及高校体育课程建设情况

素质教育是以提高民族素质为宗旨的教育。它是依据我国《教育法》制定的国家教育方针，着眼于受教育者及社会长远发展的主客观要求，面向全体学生和我国公民，以学生为基本主体、以全面提高学生的素质为根本目的的教育理念，是一种符合时代发展的先进教育思想。对于我国高校体育教学而言，素质教育具有特别的指导意义。本章从素质教育的提出、素质教育的理念及其内涵以及高校体育课程的设置与发展三方面进行详细研究，希望为高校体育课程的系统性建设提供一些有益借鉴。

第一节　素质教育的提出

一、素质教育的特征

（一）基础性

基础性是素质教育特性中的基本属性，素质教育的基础性具有以下两个方面的内涵。

第一，对学生的教育不是单纯地知识灌输，而是从个人长远发展的角度对个体全面成长提供的教育。

第二，个体素质是整个民族素质的基础。素质教育是对全民族整体素质的基础建设。

（二）主体性

素质教育的主体性是指对学生的主体意识和主动探索精神的培养和尊

重，是以学生为主体、以最大化地发展学生的潜能为核心的教育理念。素质教育理念强调教育是学生主动获取知识和技能的过程，而不是被动接受的过程。学生作为接受教育的主体，无论在什么阶段都应该处于学习的主体位置，素质教育强调充分发挥学生的主体性，培养学生的主体性。只有学生具备主动学习的意识、能力和习惯，在离开学校之后才能够自主学习，持续地成长。

主体性还意味着强调学生的个性发展。每个人的兴趣、特长和天赋各不相同，而在传统教育模式下学生以被动接受为主，这就决定了教育不可能从发展学生的个性入手，只能强调共性的培养。而素质教育把学生从原来教育活动中的接受方，逐渐引导为学习活动的主动推动者和践行者，并鼓励学生的个性发展。素质教育理念下的教学不仅仅要指导学生进行知识学习和技能学习，而且要全方位地开发学生的认知能力、思考能力、判断能力、创新能力、解决问题的能力等。由于教育观念的转变，学生从被动提高素质转变为主动发展素质，而教育的主要目标从关注发展学生某些方面的能力，转变为培养学生的独立人格。

(三) 全面性

素质教育的全面性是指为学生的全面发展创造条件与环境。素质教育的全面性主要是指以下两点。

第一，所有的学生都要达到基本的素质要求，发展出符合社会发展要求的较为全面的素质能力。

第二，每个学生都能得到全面的发展，不仅仅局限于知识和技能，而是作为一个生活在现代文明社会的个体所应具备的较为全面的素质能力。

(四) 创新性

素质教育的创新性具有两方面的内涵。

首先，教育的最根本使命是服务于社会发展，服务于国家的建设，为未来社会的发展培育人才，因此教育需要具备一定的超前性。素质教育具有前瞻性，能够根据社会发展趋势判断出对人才的要求，在教育方式、课程设置等方面不断地进行创新，即素质教育本身具备创新属性。

其次，素质教育强调培养学生的创新能力，尤其是适应能力和创造能力，而不是单纯追求学生掌握了多少固有知识。社会的发展主要靠人才的创新能力来推动，素质教育注重培养学生知识和技能的迁移能力，以及根据实际需求不断进行自我发展的能力。未来社会对人才的要求越来越高，特别是近些年来人工智能技术发展迅猛，在一些主要依赖重复性、识别性、指令性操作的领域已经逐步取代了人类，甚至在音乐和文学创作等领域也取得了突破性进展。在这种情况下，素质教育理念就显得尤为重要，只有通过教育对学生加强创新能力的培养，才能使其符合未来社会的发展要求。

二、素质教育提出的背景及意义

（一）"应试教育"不再适用

新中国成立之后，国家百废待兴，各个领域都需要大量的人才，特别是希望后备人才能够快速地成长起来。在这样的背景下，国家推行了一种集中、快速培养人才的教育方式，即"应试教育"。应该说，应试教育是符合当时时代背景和国情的一种教育理念，是适应国家早期发展的一种高效的教育机制。但是，随着社会的快速进步，国家对人才的需求也在发生变化。与此同时，应试教育也逐渐暴露出它的诸多弊端，甚至因为盲目地追求升学率而已经偏离教育的正常轨道。

在 20 世纪 80 年代中后期，教育界开始提出素质教育，主张推行教育改革，以促进学生的能力发展为前提，以提高我国国民整体素质为目标，要求教育要服务于社会的长期发展，该理念从基础教育领域逐渐扩展到各阶段、各类型的教育领域中。

（二）符合我国社会发展的需要

国家要发展，必然需要大量的人才投身于社会建设中。显然，传统的教育模式已经不能满足社会发展的需要。素质教育的主张正是在这一情况下逐渐清晰和明朗起来。十年树木百年树人，人才的培养不能等待，必须尽快深入推行素质教育制度，它决定着中国社会发展的走向和步伐。人才是社会发展的重要生产力，但是人才培养不仅仅是简单的教学问题，也包含了社会、经济、文化等多方面的因素。中国人口基数大，教育资源分布不均，城市与农村的贫富差距仍然明显，这些都制约着素质教育的全面推行，必须动员全社会各界力量共同努力，才能加快素质教育实践。

在宏观角度，教育关乎着国家命运；在微观角度，教育直接决定着个人命运。因此，就当前的发展情况看来，素质教育是决定中国社会持续、稳步发展的关键因素。

（三）符合世界教育改革的趋势

在全球化的进程中，世界各国对教育都提出了更高的要求，要求受教育者不仅要具有强大的学习能力，还要具有广阔的国际视野，要关心人类发展的共同命运，要更加具有合作与奉献精神，要有能力和决心应对日趋复杂的环境问题以及经济问题等，而这些与我国推行素质教育的目的不谋而合。

在国际社会教育改革的影响下，我国的素质教育也加强了对学生的社会适应能力、实践能力、创新能力、创业能力以及整合复杂资源能力的培养。

素质教育在我国的提出是我国社会发展到一定阶段的产物，同时也受到来自国际社会的影响，是实现强国发展的必然需要。素质教育的提出和推行已经得到我国社会各界的强烈关注，并发展成为我国教育改革的重要指导思想，对我国的教育改革与教育创新具有长远的影响。

三、素质教育思想的形成与发展

（一）素质教育思想的形成

1985年，邓小平同志在全国教育工作会议上指出，中国国力的强弱和经济发展的后劲，将越来越取决于劳动者的素质，以及知识分子的数量和质量。自此，国民素质与教育改革的问题引发国内各界的广泛关注和讨论。与此同时，我国推行已久的应试教育的弊端与不足越来越明显，它不仅影响了学生身心的健康发展，而且从长期来看，对社会的发展甚至会造成一定的消极影响。一方面，整个社会对教育呈现出过分焦虑的情绪，对高分和升学率的畸形追求显然违背了教育的初衷。另一方面，社会上不时地出现高分低能的年轻学子。有不少大学生尽管在学校里成绩突出，但是一旦走入社会就出现明显的适应困难，不能满足社会对人才的期待。

（二）素质教育思想的发展

1986年4月，《中华人民共和国义务教育法》（以下简称《义务教育法》）在第六届全国人民代表大会第四次会议上通过，规定："义务教育必须贯彻国家的教育方针，实施素质教育，提高教育质量，使适龄儿童、少年在品德、智力、体质等方面全面发展，为培养有理想、有道德、有文化、有纪律的社会主义建设者和接班人奠定基础。"

1993年2月，《中国教育改革和发展纲要》（以下简称《纲要》）正式发布。该文件吸收了前一个时期基础教育关于应试教育与素质教育的重要理论成果，将 20 世纪 90 年代至 21 世纪初教育改革与发展的蓝图描绘出来。《纲要》明确提出："中小学要从'应试教育'转向全面提高国民素质的轨道。面向全体学生，全面提高学生的思想道德、文化科学、劳动技能和身体心理素质，促进学生生动活泼地发展。"

1999 年 6 月，改革开放以来的第三次全国教育工作会议召开，会议发布了《深化教育改革全面推进素质教育的决定》（以下简称《决定》）。《决定》科学、精辟地阐述了素质教育的基本精神，并进一步明确素质教育实施中需要坚持的指导思想，即"教育必须面向现代化，面向世界，面向未来"。同时还指出："实施素质教育应当贯穿于幼儿教育、中小学教育、职业教育、成人教育、高等教育等各级各类教育，应当贯穿于学校教育、家庭教育和社会教育等各个方面。在不同阶段和不同方面应当有不同的内容和重点，相互配合，全面推进。在不同地区还应体现地区特点，尤其是少数民族地区的特点。"

2000 年 3 月，在《关于教育问题的谈话》中，江泽民同志进一步明确指出："一定要有正确的指导思想和教育方法""把家长希望子女成才的迫切愿望、教师教书育人的心情和学生学习的积极性，引导到正确的方向上来"①。

2010 年 7 月，改革开放以来的第四次全国教育工作会议召开，《国家中长期教育改革和发展规划纲要（2010—2020 年）》（以下简称《教育规划纲要》）在此次会议上正式发布。《教育规划纲要》指出，未来十年我国教育改革和发展的战略主题是"坚持以人为本、全面实施素质教育"，解决好"培养什么人、怎样培养人"的重大问题是该主题的核心，面向全体学生、促进学生全面发展，提高学生为国家、人民服务的社会责任感，对学生的探索创新精神和解决问题的实践能力进行培养是该主题的重点。此外，在这次会议上，胡锦涛同志指出："坚持以人为本，在教育工作中的重要着眼点是全面提高国民素质。这就需要全面实施素质教育。实施素质教育不仅涉及教育各个阶段和领域，更涉及文化传统、经济发展、社会结构、用人制度等方方面面，必须统筹兼顾、协调推进，切实把实施素质教育这件大事抓紧抓好、抓出成效。"②

自 20 世纪 80 年代中期至今的近 40 年中，我们国家的历届领导人都十分关心教育问题，尤其是素质教育的推行。在基础教育界已经取得了阶段性的成

---

①② 陈金芳. 素质教育基本理论研究［M］. 北京：中国科学技术出版社，2011.

果，积累了丰富的经验，这为我国全面深化素质教育改革奠定了良好的基础。

党的十八大以来，以习近平同志为核心的党中央非常重视教育问题。习近平总书记强调：教育是国之大计、党之大计，要从党和国家事业发展全局的高度坚持为党育人、为国育才。把立德树人融入思想道德教育、文化知识教育、社会实践教育各环节，贯穿基础教育、职业教育、高等教育各领域，体现到学科体系、教学体系、教材体系、管理体系建设各方面，培根铸魂、启智润心。[①]

2017 年，在党的十九大报告中习近平总书记提出要全面贯彻党的教育方针，落实立德树人的根本任务，发展素质教育，推进教育公平，培养德智体美全面发展的社会主义建设者和接班人。

（三）素质教育思想的延伸——以人为本教育理念

认知心理学对现代教育理念的发展产生了重要影响。从该角度看，教育日趋呈现出工具化特征，使接受教育和获取知识成为目的性极强的程式化活动，而丧失了应有的快乐体验。这种情况的泛化，会使教育最终影响人才的培养以及社会的发展。

现代社会，随着科学技术的发展，无论是生产方式还是生活方式都发生了巨大的变革，科学技术在提升了生产生活便利性的同时，也在一定程度上限制了人本的发展需求。从教育层面来看，教育的工具化就是一种短视的体现，将教育简化为发展人的功能性。而"人本主义"正是在这样的大背景下被提出，旨在将人从"物化"世界中解放出来。现代人本主义强调，人在社会发展中具有不可替代的地位，是通过人的个性化发展来体现的。于是，"以人为本"的教学理念被重点提出。

在教学领域，"以人为本"是指在学校的教学活动中，应该重视人的主体地位。人不仅是教学活动的实施者、主导者，也是受益者，教育应该以人的最大利益为出发点。任何偏离主体需求的活动都应该引起重视，并得到及时地纠正。

以人为本的教育理念也是素质教育思想的体现和延伸，它强调了以发展个体的最大潜力为目标，实现个人价值的最大化，以加强对个体的素质教育来提高个人的整体能力。

---

① 新华社．把保障人民健康放在优先发展的战略位置 着力构建优质均衡的基本公共教育服务体系［N］．人民日报，2021 - 03 - 07 (1)．

以人为本教学理念中的"人"，不仅仅是指学生，还包括教师，因为学生和教师都是教学活动的重要主体。以人为本应包括"以学生为本"和"以教师为本"两方面的内容，强调从两个方面着手，使教学活动的价值得到最大化的体现。

　　相对应试教育而言，以人为本的教育理念能够极大地扭转教育的功利性和局限性，能够为国家培养出符合社会发展需要的高级人才。除此之外，以人为本的教育理念还充分体现了我国教育观念和教育体制发展的与时俱进。

第二节　素质教育理念融入大学体育教学

一、个性化教学理念

　　教育应该建立在尊重个体特性的基础之上，促进个体更好地成长、发展和完善，而不是遏止、压抑和抹杀个体的个性和独特性。教育对待生命的最基本态度是为个体服务，当然也要满足社会发展的需要，是以同时满足个体与社会的最大利益为基本前提。

　　个性化教学理念与以人为本的教学理念一脉相承，二者都强调学生这一主体的发展。个性化教学理念强调单一个体的生命是独特的，都具有不可替代的意义和价值，因此应该尊重个体的个性。推动学生的个性化发展对于素质教育的深化与改革具有重要的意义。

　　个性化教学是对标准化教学的升级，不仅体现了教育组织形式的变革，而且体现了教育目的论、教育价值观的改革与更新。这对高校体育教学的发展具有深远影响。

（一）尊重学生的个性化发展

　　学生的个性是教学的起点，在体育教学过程中，体育教师要做到尊重学生个体的独特性，以利于每个个体的优势发展为基本原则，将教学的角色定位成人才发展的最有力支持，而非禁锢。

（二）关注学生个体的需要

　　每个学生都有自我发展和成长的需要，教育的基本作用就是满足学生的这类需要。然而学生的学习动力并不一定是外显的。在体育教学中，教师应该有意识加强对学生学习热情和学习欲望的保护，要善于发现学生的个性特点，并据此进行科学引导，争取让每个学生的潜能都得到最大发展，真正实现人才培养，而不仅仅是技能的灌输。

二、终身体育理念

终身体育是文明发展到一定程度之后的一种进步观念，是保证人的健康的基本前提。成长于现代社会的高校学生，应该养成体育锻炼的习惯，并且具备一定的体育素养，能够自觉坚持体育运动，能够根据自身的发展需要不断地学习和完善自身的体育技能，掌握科学的体育锻炼方法，并将在学校培养的体育习惯贯穿于日后的生活中。

2017年，党的十九大报告特别指出，我国今后的发展要关注民生，要全面促进社会大众的健康发展。要实现全体国民的健康发展，对体育推行终身教育是关键。在高校体育教学中，需要全面渗透终身体育教学理念，促进学生形成终身体育的观念，这是符合时代发展要求的重要体现，具有一定的先进性。

随着终身体育理念在社会、学校中的不断深化和传播，它已经显现出了阶段性的积极成果，对保持人们的身心健康发挥着越来越重要的作用。在高校推行终身体育教学理念的过程中，要注意以下两方面。

第一，推行终身体育要注意方式方法的科学性，即教导学生以科学的运动方法和训练手段进行运动，要强调运动持续稳定的进行，强调体育锻炼的长期效果。只有循序渐进地推进，让学生感受到体育运动对身心带来的积极影响，才能保证终身体育理念深入人心。

第二，在内容上，没有固定的要求，学生可以根据自身的兴趣和身体条件、客观条件进行选择，各种体育锻炼项目都可以达到一定健身效果，都是对身心有益的，都能满足人们的健康需求。

第三节　高校体育课程设置及发展

一、高校体育课程的设置

（一）高校体育课程设置现状

自改革开放以来，高校体育课程体系建设经过了几次重大的改革，从课程设置到教学内容都在不断地优化和调整。非体育专业高等院校体育课程分为公共学位课、公共选修课、专业基础课、专业选修课、专业方向课和其他培养环节。而体育专业高等院校的体育课程设置较为全面，专业基础课包括体育科学研究方法、体育原理、现代教学论与体育教学、体育社会学、体育心理学、体育管理学、高级运动生理学、人体运动科学概论、人体运动结构学原理、运动生理学原理及应用、运动训练学、民族传统体育、传统体育养生等。专业选修课包括体育统计多元分析、人体运动科学高级实验技术等。专业方向课包括田径教学训练理论与方法研究、篮球教学训练理论与方法研究、排球教学训练理论与方法研究、足球教学训练理论与方法研究、艺术健美操教学训练理论与方法研究、游泳教学训练理论与方法研究、武术教学训练理论与方法研究、网球教学训练理论与方法研究、乒乓球教学训练理论与方法研究、运动康复理论与方法研究等。

与其他学科不同的是，体育课不仅需要思考，还需要身体直接参与练习，是脑力与体力的协调合作。体育课需要通过一定的技能练习来达到教学目的，而且运动技能的练习占据体育全部课程很大的比重。但是，也有相当一部分学校在体育教学中对理论课安排过多，而实践课相对较少，这是需要改进的地方。理论课固然重要，但即便是体育专业的学生，所学终归要落实在运动技能中，因此教学要回归体育的本质，以身体的参与为主。

非体育专业的高校在体育课程的学时设置上基本相似，而体育专业高校体育课程的设置，在学时分配时要注意科学合理地均衡分配。通常每门专业核心课程开设1个学期或者2个学期，如果学时设置过少，那么专业知识和专业技能学习很可能会流于表面，达不到应有的深度和高度。

（二）高校体育课程设置存在的问题

1. 课程形式复杂且不规范

当前，我国高校开设的体育课程形式较多，比较复杂，而且关于各种体育课程的叫法也有很多，常见的有体育理论课、体育实践课、体育技术课、体育必修课、体育选修课、体育选项课、体育必修选项课、体育必修项目课、体育与健康课、体育公共选修课、体育测评课、体育俱乐部课等。从这些五花八门的课程叫法来看，高校设置了比较丰富的体育课程，大部分学生的体育学习需要能够得到满足，学校在课程教学方面也形成了自己的特色，但学生在课程选择时会产生困惑，甚至部分体育教师都难以区分不同名目课程的差异。由此可见，高校在设置体育课程时缺乏必要的严谨性，体育课程的系统性和规范化建设仍需加强。

2. 体育课程设置缺乏合理性

当前，我国非体育专业的绝大部分高校基本都只针对大一、大二年级的学生开设体育课程，没有针对大三、大四年级学生开设体育课，大三和大四学生虽然不上体育课，但要参加体质测试，这导致大三、大四学生的体质测试结果较差，也在一定程度上影响了大学生终身体育意识的形成与终身体育锻炼习惯的养成。

3. 体育必修课的功能被弱化

我国高校在体育课程设置上拥有一定的自主性，因此高校普遍设置了体育选修课，并力图建设具有本校特色和体现本校体育传统的选修课程，甚至体育选修课的风头盖过了必修课，一些学生出于跟风心理，纷纷选择学校开设的特色选修课，而忽视了体育必修课程的学习，最终影响了体育必修课程教学的顺利开展，影响了体育必修课的教学效果。此外，高校设置体育选修课还在一定程度上存在形式化问题，学生的个性化需求无法得到满足，学生出于兴趣选课，最终也难以达到预期的效果。

（三）高校体育课程设置的对策

1. 不断丰富体育课程教学形式

我国非体育专业高校在进行公共体育课程设置时不能忽视体育教学形式的变化，只有丰富多彩、灵活多变的体育教学形式才会吸引更多大学生投身于体育锻炼中来。目前我国很多高校在体育教学时依然沿用过去传统教学模式，这势必会影响公共体育课程设置的效果，降低大学生参加体育锻炼的积极性。现如今有种现象，学生很喜欢体育锻炼但并不喜欢上体育课，出现这一现象的原因有很多，需要体育教师根据实际情况具体分析，这种现象值得所有的体育教师去反思。另外，高校对于学校体育课程教学安排应该进行相应地改革和调整，比如把一部分的课堂时间分配给更能激发学生兴趣的体育竞赛、体育游戏等。

2. 优化体育课程结构设置

按照体育教育在大学课程设置方面的目标，高校公共体育科目设定必须符合教学目的以及大学教育的准则，并确保要凸显出多元化、实用性、合理性等特点。

研究发现，我国部分高校的公共体育课课时数少，一些校领导对体育教育的关注度不高。课程安排上大部分以选修课为主，虽然学生能够自由选择自己喜爱的体育项目，但缺乏整体化、系统性的运动健康课程。还是希望各高校

（非体育专业类）在重视专业化训练的同时提升对体育课程的关注度，在重视人才的德育、智育培养的同时，夯实人才的体育基础。与此同时，适当增加公共体育课的课时并严格考评标准。

3. 明确就业方向

高校（以体育专业院校为例）的体育课程在专业设置方面应加强与市场的结合，尽量让专业设置与市场需求高度适配，使学生学有所用。要明确不同体育专业的具体就业岗位，从而使得授课教师更加有针对性地安排课程内容、就业培训和就业指导。将学生从原来广泛而没有明确指向性的学习内容中解放出来，投入更多的时间和精力在未来的就业准备工作上，在有的放矢的学习和实践中实现理论知识和实践能力的融会贯通，在提升专业技能的同时提升就业竞争力。

二、高校体育课程的发展

"创新"是当前时代发展的主旋律，因此，我们的高校体育教学也应该紧紧围绕创新理念加强教学和课程体系的建设。高校是为国家和社会培养人才的重地，高校教育者应当深入思考时代变革的力量，敏锐把握当下社会对体育教育的需求，放眼未来，形成创新式教育思维与教育理念。

只有教育真正做到与时俱进地发展，才能培养出符合时代发展要求的人才。就目前来看，我们教育改革的动作还不够有魄力，我们的体育教育体系尚不健全，在人才输出方面还不能完全满足社会的实际需求。面临时代提出的新挑战，高校的体育教育需要在以下四个方面实现创新。

（一）教育思维的创新

教育思维决定着教育实践，在高校的教育发展中，要重视教育思维的创新。以体育专业高校为例，高校教育从业者应当转变教育思维，深入思考当前社会的发展方向，努力把握社会发展的脉搏，以及市场对体育专业的具体需求，有哪些方面需要舍弃，哪些方面需要更新和补充。在产业转型升级的时代背景下，社会体育领域也发生着剧烈的变化，对体育人才的要求已经由专业型向多元型与复合型转变。我国的体育产业还处于初级发展阶段，尚需要大量的人才投身于今后的产业建设中。创新性教育思维体现为对原有教学模式的大胆改革，摒弃循规蹈矩的守旧思维，积极探索教学新路径、新方法，并与社会的发展进程紧密结合，密切关注世界体育产业的发展趋势以及中国体育产业发的诸多可能性。

(二)教育理念的创新

人的一生始终处于发展变化之中，我们的教育应该以推动人才的发展为目的，加强对人的理念、认知和实践能力的培养，任何成绩都只是阶段性成果，不应该作为评判人才的唯一标准。高校体育教育在目标设置上应当引入多元维度，以培养具有丰富的知识结构和综合能力的人才为目标。在教育理念上，应该更多地关注教育过程，关注对学生多方面能力的培养，而非狭隘地仅仅关注最终成绩。体育作为实践性突出的教学科目，过程培养尤为重要。不得不承认，我们当前的教育理念还相对单一和保守，不够多元和开放。比如，过于强调各项指标的达标和圆满的数据表现，但是指标与数据终究无法全面体现人才的综合能力。因此，在素质教育的大背景下，高校教育从业者应该及时优化自身的教育理念，加强对创新性思维的锻炼和改造，发展并完善新时期的体育教育观。

(三)课程设置的创新

高校在体育课程的设置方面也应该体现出创新性。相对于其他学科，体育课程具有更广阔的创新空间。对于大多数的高校体育课程而言，在课程设置上，应该尽量丰富教学层次，拓宽教学广度，然后对每个层次按照恰当的比例进行课程设置，根据实际情况较为灵活地安排教学内容。比如，课程设置可以分为三个层级：第一个层级为基础体育理论和实践，涵盖运动理论和基础的体能训练和技能训练方法，并且将理论与专业项目进行适当结合；第二个层级为体育素养，可以采用多个指标进行量化评价；第三个层级为结合社会发展需要进行的创新课程，重点是要从实际出发，以社会生产水平和社会发展趋势为依据进行多元创新尝试。

(四)教学体系的创新

现代信息技术的快速发展成为推动社会进步的重要力量，现代信息技术在教学领域的应用已经是全球化现象，高校应该大胆地在教学体系中引入先进的技术对教育教学进行创新式改革，高校的体育教学应该加强对融合性教学体系的创新探索。一方面，要构建信息化、现代化的教学环境，提升教学资源与设备的质量；另一方面，应当结合学校优势研发专题课程，争取在某个专题项目上获得突破性进展，并成为建立"互联网＋体育教学"的典范。此外，在教学模式上，可以做出多方面的尝试与改变，比如根据实际情况采取校企合作式育人机制，以点带线，为体育人才的培养寻求更多渠道。

三、课程思政融入高校体育课程建设的思考

(一)认识课程思政

课程思政是指以构建全员、全程、全课程育人格局的形式将各类课程与思想政治理论课相结合，形成协同效应，把"立德树人"作为教育根本任务的一种综合教育理念。

2016年12月，全国高校思想政治工作会议召开，习近平总书记发表重要讲话，并强调："高校思想政治工作关系高校培养什么样的人、如何培养人以及为谁培养人这个根本问题。要坚持把立德树人作为中心环节，把思想政治工作贯穿教育教学全过程，实现全程育人、全方位育人，努力开创我国高等教育事业发展新局面。"2017年底，中共中央、国务院发布的《关于加强和改进新形势下高校思想政治工作的意见》中指出要充分发掘和运用各学科蕴含的思想政治教育资源。2020年6月，教育部印发《高等学校课程思政建设指导纲要》，全面推进高校课程思政建设。

课程思政的价值在于将各类课程中所含有的思政元素充分挖掘出来，将其嵌入课程教学中，以潜移默化的方式融入教学过程的各个环节，从而使非思政课程的育人价值得以强化，最终实现"立德树人"。

(二)体育课程思政

1. 体育课程思政的内涵

体育课程思政指的是以体育课程为载体，将思政教育元素融入课程教学，构建集体育知识传递、体育能力培养和思政教育于一体的体育教育实践活动。体育课程思政要求在体育教学的全过程中都要贯穿思政教育，对思政价值观的引领作用予以强调，在教学过程中渗透社会主义核心价值观，达到体育教学和思政教学的双重目标，促进学生全方位发展和提升。

2. 体育课程思政推动高校体育课程改革

高校体育课程教学的任务不仅是将体育知识与技能传授给学生，培养学生的终身体育锻炼习惯，促进学生体质的增强，而且还要对学生的意志品质、思想道德品质、体育精神进行培养，促进学生人格的健全和各方面素质的全面发展。将体育课程与思政课程融于一体的高校体育思政课程既有体育教育的内

容，也有思政教育的内容，结合两方面的优势教学内容构建体育思政育人体系，有利于促进高校体育教学过程的创新，包括教学内容、教学方法与模式等多方面的创新，从而进一步深化高校体育课程教学改革，提升高校体育课程质量。

体育课程思政要以思政教育元素为内核，这是落实"立德树人"任务的基本要求。将思政教育元素融入体育课程任务中，培育学生的优秀体育品质、良好道德行为，促进学生思想政治核心素养的提升。在体育课程教学中，确立"立德树人"的根本任务，在体育教学的整个过程中有机融入思政教育元素，促进体育教育目标和思政教育目标的实现。例如，将民族传统体育项目纳入体育课程教学内容体系中，培育学生的文化自信；将思想道德评价指标纳入体育课程评价指标体系中，评估体育课程中思政教学的实施效果。

（三）课程思政融入高校体育课程建设的策略

1. 将思政教育元素融入高校体育课程

在制定高校体育课程目标的过程中，要将思政教育元素充分融入其中，强调培养大学生思想政治素养的重要性，科学引导大学生树立社会主义核心价值观、爱国主义思想、诚实守信的意识，实现高校体育课程的全面育人目标。

将思想政治教育元素融入高校体育课程内容中同样有助于实现"立德树人"的任务目标。比如，民族传统体育项目蕴含着丰富的思想政治教育元素，开展民族传统体育项目教学，有助于培养学生的文化自信和民族自豪感，从而实现体育课程的思政教育目标。

2. 在体育课程建设中突出价值引领

体育课程教学内容主要集中在身心健康促进和运动技能培养上，在教学开展过程中不能只是简单灌输思政教育的内容，而要以体育知识和技能为基础，以价值养成为引领而进行课程设计与实施。

在高校体育课程建设中具体可从以下几方面突出思政元素的引领价值。

第一，体育课程目标要以育人为导向，充分发挥课程目标的方向引领价值。在体育课程目标设计中明确全面育人目标，提出关于大学生思想道德素养方面的培育目标，根据这一目标在教学过程中对体育精神价值予以挖掘，如此才能更好地推进体育课程思政建设，为体育课程思政教学的实施提供价值导向。

第二，对体育课中有助于培养大学生思想政治核心素养的教学内容加以整合，突出体育课程的思政育人价值。将思政教育元素融入体育课程教学过程中，要从大学生实际情况出发选取那些能够使大学生产生天然价值共鸣的含有思政元素的教育内容，从而更加突出高校体育课程教育的思政价值导向。

第三，对体育课程教学方法进行改革和创新，促进体育课程思政效果的提升。在设计体育课程教学方法时，要融合德育手段、结合思政教育目标而进行。

第三章 CHAPTER 3

素质教育理念下高校体育教学课程体系的建设与发展研究

教学课程建设的灵魂——高校
体育教学目标体系的建设

体育教学目标是体育教学课程的灵魂，体育教学目标的设置对体育教学过程的实施具有重要的指向性作用。合理安排体育教学内容，科学选用体育教学方法，都是为了实现预期教学目标。科学建设体育教学目标体系，准确生动地表述体育课程教学目标，将有利于积极推进体育课程教学的实施，优化体育课程教学效果。本章着重对高校体育教学目标体系建设展开研究，主要内容包括体育教学目标的基本理论、目标编制与优化以及素质教育理念下体育教学目标的确立。

第一节　体育教学目标概述

一、体育教学目标的概念

体育教学目标是指由体育教学活动主体预先确定的、在体育教学活动中所要达到的、利用现有技术手段可以测量的教学结果。[①]

从体育教学目标的概念来看，体育教学目标是体育教学应达到的标准和力求实现的预期结果，不管是体育教师还是学生都要达到这个标准与结果。具体来说，就是体育教师要实现教授的预期目标，学生要达到学习的预期结果，通过师生相互配合，共同达到理想的教学目标。

在特定教育观念下提出的体育教学目标将表现出特有的价值取向，体育教学的整个过程或某个教学环节都能够体现出这一价值取向。

---

① 夏越．现代高校体育教学研究［M］．北京：北京理工大学出版社，2019.

二、体育教学目标的特征

体育教学目标具有以下几方面的基本特征。

第一，体育教学目标是一个双向目标，既包括教的目标，也包括学的目标。体育教师的教授目标主要体现在学生的行为变化上，即体育教师通过教学使学生的认知、行为等发生了什么样的变化，以此来判断教师的教学成果。而学生的学习目标则要通过教师的授课过程不断明确和强化。

第二，体育教学目标是在体育教学活动开始之前所预想的结果，这个结果是预期的，是在体育教学活动开始之前就明确提出的。教师在教学活动开始之前先清楚要达到什么目标，如此才能进行有效教学。在教学活动开始之前提出预期结果，即提出通过教学活动希望学生掌握哪些知识、技能，希望学生达到什么样的掌握程度，希望学生的身心和行为发生什么变化等。科学、明确、具体的预期教学目标将指引体育教学活动有效开展，并对最终教学成效产生积极影响。

第三，体育教学目标是横向和纵向目标交织而成的复杂系统。横向上不同的体育教学目标对应不同的学习内容，纵向上由学期、单元和课时三级教学目标构成了体育教学目标纵向体系，这些教学目标有明显的层级之分，而且下级目标更详细，下级目标的实现情况将直接影响上级目标的实现。

第四，体育教学目标应该具备具体、可行、可测量的特征，如此才具备实用价值。体育教学目标最终要通过具体的教学活动实现，为了充分发挥教学目标的导向作用，促进体育教学活动操作效率的提升，就应该把体育教学目标尽可能细化，明确提出在什么教学条件下让学生学习和掌握什么，达到什么程度等。这样也便于在教学活动结束后对教学效果进行客观评价。与此同时，体育教学目标的制定要切合实际，不可过分追求高标准和高难度。合理、科学的教学目标不仅是可描述的定性目标，同时也应是可量化的定量目标。

第五，制定体育教学目标要综合考量体育教学内容、体育教学条件、体育教学规律、体育教学特点等因素，简单来说，就是要有全局性。体育教学目标具有相对稳定性，也具备一定的灵活性和弹性，可根据教学情况的变化而灵活调整。

三、体育教学目标体系的结构

体育教学目标是由学校体育目标、体育教学总目标、体育教学单元目标、体育教学课时目标组成的，如图 3-1 所示。这些目标之间具有层级递进关系。下级目标是上级目标的具体化。

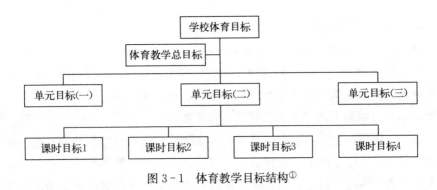

图 3-1　体育教学目标结构①

（一）学校体育目标

学校体育目标是指学校体育活动在一定时期内所要达到的预期结果。学校体育目标一般由条件目标、过程目标和效果目标组成。明确的学校体育目标能够为体育教学目标的确立提供依据，而社会需要、学校体育功能、学生身心发展特点是确定学校体育目标的主要因素。

（二）体育教学总目标

从本质上而言，体育教学总目标是具有计划性质的，制定体育教学总目标，一般要以学校体育目标、学校实际、学生实际、体育教学内容特点等为依据。制定体育教学总目标的主体主要是学校体育科研组或体育任课教师，在学校体育教学计划中要明确提出本学期或学年的体育教学总目标。

（三）单元目标

单元是课程教学中的一种划分单位和逻辑安排，具有相对完整性，通过单元分解可以了解课程编制者对课程体系结构的认识。进行单元划分时要遵循教育学科的特点，按照一定的逻辑关系进行合理划分。单元是教师组织教学活动的主要参照，体育教师以学校体育目标和学期体育教学目标为依据制定单元教学目标，提出单元教学的具体要求，从而在单元教学目标的指引下开展教学活动，最终通过达成每个单元的教学目标而实现学期教学目标。不同单元的体育

---

① 李启迪，邵伟德．体育教学基本理论研究［M］．北京：北京师范大学出版社，2014.

教学目标因为各单元教学内容特点、功能及价值的不同而有所区别。

　　体育单元教学目标具体可划分为三种类型，分别是独立型（图 3－2）、阶梯型（图 3－3）和混合型（图 3－4）。

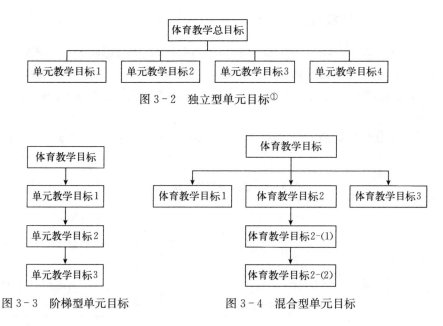

图 3－2　独立型单元目标①

图 3－3　阶梯型单元目标　　　　图 3－4　混合型单元目标

（四）课时目标

　　体育课时教学目标也就是体育课堂教学目标，从本质上来看，这是一种操作性的教学目标，是最微观、最基础和最具体的体育教学目标。这一层次的体育教学目标能否达成，达成度多高，将直接影响体育课程目标的实现程度。体育教师在编写教案时要明确提出每节课的教学目标，并根据教学目标去组织课堂教学。

　　体育课时教学目标作为最基础的体育教学目标，也是体育教学目标体系中最活跃、灵活性最强的构成要素，学校体育目标、体育教学总目标以及单元教学目标的实现都要以课时目标的达成为前提。

四、体育教学目标的分类

　　美国著名教育心理学家布卢姆根据教育目标分类的原则，将教学目标分为

---

① 张振华．体育教学理论与方法［M］．北京：北京师范大学出版社，2016．

认知领域目标、情感领域目标和动作技能领域目标，每个领域的目标又可以从低到高逐级划分层次。依据布卢姆的教学目标分类理论，体育教学目标可分为以下三类。

（一）认知领域的教学目标

在体育教学过程的始终都贯穿着认知目标，此类目标明确了体育教学对学生的具体要求，体育教师根据这类目标能够明确应该向学生传授哪些体育知识，从而培养学生的学习兴趣，丰富学生的体育知识，提升学生的体育理论认知水平。

体育认知领域的教学目标，从简单到复杂依次可以体现为表3-1中的6个层次。

表3-1　认知领域的教学目标分类①

层次	一般目标举例	行为动词
1. 知道	知道体育领域的名词和基本概念	界定、描述、指出、列举、选择、说明
2. 领会	理解动作要领和有关知识 将有关知识从一种形式转换成另一种形式	转换、区别、估计、解释、归纳、猜测
3. 应用	应用概念及原理 应用定律及学说	改变、计算、示范、发现、操作、解答
4. 分析	评鉴资料的相关性，分析一项运动的组成结构	关联、选择、细述理由、分辨好坏
5. 综合	写出一组完善的动作要领	联合、创造、归纳、组成、重建、总结
6. 评价	运用内在材料评判所学内容的价值 运用外在标准评判所学内容的价值	鉴别、比较、结论、对比、检讨、证明

（二）动作技能领域的教学目标

在体育教学过程中，尤其是在进行某个项目技术动作的教学时，提出学生应该掌握哪些技术要领和达到什么样的水平，这就是动作技能领域的教学目标。动作技能领域的教学目标从低到高依次呈现为表3-2中的7个层次。

---

① 龚坚. 现代体育教学论 ［M］. 重庆：西南师范大学出版社，2009.

表 3-2　动作技能领域的教学目标分类[1]

层次	一般目标举例	行为动词
1. 知觉	口述运动器械各部分名称 复述动作要领	描述、理解、解释
2. 定势	评量身体的起始动作 调查反应的意愿	选择、建立、安置
3. 指导下的反应	描述所观察到的示范动作并正确模仿	制作、复制、混合、依从、建立
4. 机制	正确、熟练地完成技术动作	操作、练习、变换、固定、修理
5. 复杂的外显反应	完成精确的技术动作 演示复杂的技术动作 完成一套连贯的技术动作	组合、修缮、专精、解决、折叠
6. 适应	迅速有效地掌握新动作 根据自身实际编制一套技术动作	改正、计算、示范
7. 创作	改良动作技术 发现新的练习方法 创造新的表演方法	设计、发展、创造、筹划、编辑

（三）情感领域的教学目标

情感领域的教学目标主要与学生的心理健康、社会适应能力及内在素质（精神、道德、价值观）等有关。

情感领域的教学目标按照价值内化的程度体现为表 3-3 中的 5 个层次。

表 3-3　情感领域的教学目标分类[2]

层次	一般目标举例	行为动词
1. 接受	注意听讲 显示对体育锻炼的敏感性并参与体育活动	把握、发问、描述、命名、点出
2. 反应	完成规定练习 遵守学校规则 参与课堂讨论 显示对体育课的兴趣	标明、表现、遵守、讨论、呈现、帮助

---

①　陈浩，宋文利. 体育教育学 [M]. 北京：北京师范大学出版社，2012.
②　李启迪，邵伟德. 体育教学基本理论研究 [M]. 北京：北京师范大学出版社，2014.

（续）

层次	一般目标举例	行为动词
3. 价值评价	欣赏健康体育 欣赏体育的地位 表达解决问题的态度	邀请、验证、完成、阅读、报告、分享
4. 组织	承认规则对解决问题的重要性 接受自身行为的责任 了解并认知自身的能力及限度 制定一个与自身能力相协调的学习计划	坚持、安排、修饰、比较、准备、关联
5. 由价值或价值复合体形成的个性化	表现良好的思想品德 显示在独立完成动作时的自信 在团体活动中保持合作态度 保持健康的习惯	建立、分辨、倾听、实践、提议

五、体育课程目标和体育教学目标的关系

（一）体育课程目标

体育课程目标是指通过开展体育课程，使得学生身心发展达到的标准和程度，这是对一定教育阶段体育课程结果的预期。在体育课程的检查与评估中，体育课程目标的设置意义具体体现在以下几方面。

第一，是体育课程内容和体育课程实施方法在选择上的主要依据。只有比照体育课程目标，才能选定最有价值的课程内容和最恰当的课程教学方法。可见，体育课程目标具有导向功能、激励价值，对教学策略与方法的选择有重要影响。同时，可以对课程内容涉及的范围予以明确。

第二，是确定体育教学活动组织形式的主要依据。设置何种类型的体育课，采取什么样的组织形式，都要以体育课程目标为依据。

第三，是体育课程评价的依据。依据课程目标这一基本标准，可以确定评价对象、评价方式，进而对体育教学课程实施效果做出客观判断。

体育课程目标与体育教学目标不同。体育教学目标以体育教学中的具体过程和行为方式为指向，而体育课程目标则以体育学习中不同方面的"一般反应模式"为指向。体育课程目标侧重于对学生学习活动所达到的标准或结果的预期，它是体育教学目标的主要来源之一。

（二）体育课程目标和体育教学目标的联系

体育课程目标和体育教学目标的联系主要体现在以下几个方面。

第一，体育课程目标和体育教学目标都是学校教育和体育教育目标的组成部分，它们各自发挥作用。学校育人目标和学校体育教育目标为体育课程目标和体育教学目标的制定提供了重要的依据。

第二，体育课程目标与体育教学目标在横向和纵向上都有联系。横向角度，体育课程目标所包含的各个方面均体现在体育教学目标中；纵向角度，体育课程目标包含体育教学目标，后者是前者的子目标，而子目标（体育教学目标）的确定要以上级目标（体育课程目标）为依据，实现体育教学目标是实现体育课程目标的基础。

第三，体育课程的水平目标和体育教学的学年或学期教学目标是体育课程目标和体育教学目标的衔接点。学年或学期体育教学目标的制定要以体育课程的水平目标为依据，二者在调整方向和程度上要保持一致。要实现体育课程的水平目标，就要先实现学年或学期体育教学目标。

（三）体育课程目标与体育教学目标的区别

体育课程目标和体育教学目标有密切联系，同时也有诸多不同，二者的主要区别体现在以下几方面。

1. 目标性质的区别

第一，体育课程目标。体育课程目标是针对整个体育课程而提出的，是宏观的、相对稳定的目标。

第二，体育教学目标。体育教学目标是针对一个学年、学期、单元及课堂而制定的，是微观的、相对灵活的目标，可以随着教学情况的变化而进行调整。

2. 目标制定者的区别

第一，体育课程目标的制定者为教育行政部门、体育学科专家和少数体育教师。

第二，体育教学目标的制定者为学校体育教研组和体育任课教师。

3. 目标制定依据的区别

第一，体育课程目标的制定依据包括社会发展需要、体育学科的特点及学生需要。

第二，体育教学目标的制定依据包括本学校的特点、教学内容特点及学生特点。

4. 目标使用范围的区别

第一，体育课程目标为编制体育课程计划提供依据。

第二，体育教学目标为体育教师开展教学活动提供直接依据。

5. 所涉及文案的区别

第一，体育课程目标涉及课程标准、地方课程方案。

第二，体育教学目标涉及教学总计划、单元教学计划、课时教学计划。

第二节　体育教学目标的编制

一、体育教学目标编制的意义

（一）发挥体育学科教学的功能

合理编制体育教学目标，将体育教学目标明确下来，有利于进一步准确定位体育学科的教学功能，使体育教师明确将要在教学活动中实现体育学科教学的哪些功能。例如，制定锻炼类目标，有助于促进体育学科强身健体功能的发挥，而制定快乐教学的目标则有助于促进体育学科寓教于乐功能的发挥。任何体育教学目标的实现过程都是发挥体育学科教学功能的过程。

（二）完成体育教学任务

体育教学目标和体育教学任务之间关系密切，体育教学任务的方向是由体育教学目标所决定的。如果没有教学实践，没有每一个教学任务的完成，教学目标也不可能实现。体育教学目标制定得科学合理，则有助于体育教师明确教学任务和教学方向，通过合理安排教学过程来实现教学任务。

（三）规范体育教学过程

在体育教学过程中，各教学环节、教学程序、教学方法之间联系紧密，只有明确了阶段性的教学目标，教师才清楚应该先教什么，后教什么，应该如何教，这样教学过程才得以规范，教学效率才会提高。体育教师只有依据教学目标控制教学过程、安排教学步骤，才能使体育教学更加科学与规范，并最终优化体育教学效果。

（四）确保不同层次目标的衔接

体育教学目标既有总的目标，也有阶段性目标，只有先明确了总的教学目标，然后根据总目标去制定阶段性目标，才能在教学活动中通过逐步实现阶段教学目标而最终实现教学总目标。依据教学总目标而确定各阶段教学目标，能够保证各阶段目标的紧密衔接，保证总目标的顺利实现。如果某个阶段的教学目标编制不合理，则会影响本阶段和其他阶段的教学，最终影响教学总目标的实现。

（五）指引和激励教与学

体育教学目标制定者对体育教师教授结果的期望和对学生体育学习结果的期望都反映在体育教学目标中。体育教学目标还为体育教师与学生进行体育教学效果的评价提供了标准和依据，使体育教师与学生清楚自己的教学或学习成果与目标之间还有多大差距，从而激励体育教师与学生及时发现并缩小差距。

二、体育教学目标编制的要求

（一）健康第一

"健康第一"是体育教学中应该树立的重要理念和遵循的指导思想，应该在健康第一理念下编制体育教学目标，充分发挥体育教学强身健体的功能，通过体育教学而提升学生体质健康水平。我们在体育教学中倡导健康第一，这里的健康是一个包含身体健康、心理健康、道德健康、社会适应能力强等在内的全面的健康概念，这也符合素质教育的基本要求，是顺应社会发展需求的表现。所以，在体育教学目标的编制中，要将健康目标放在首位，确立学生的主体地位，时刻关注学生健康和成长。

（二）培养兴趣

在体育教学目标编制中，要重视对学生学习兴趣的培养，可提出快乐教育目标，以激发学生学习的自主性和兴趣。

需要注意的是，快乐教育不是"放羊式"教育，不是没有节制、缺乏管理的教学，也不是一味赞美学生而回避问题的教育。快乐教育应该注重营造轻松愉快的教学氛围，创建和谐友爱的教学环境，使学生在潜移默化中形成对体育的兴趣，自觉学习、主动学习，逐步实现学习目标。体育教师要基于对快乐教育思想的正确理解而进行体育教学目标的编制，才能实现快乐教育的价值。

（三）全面发展

在素质教育理念下，通过体育教学力求实现学生多元发展的目标，不仅要向学生传授体育知识和技能，增强学生体质，还要加强对学生的心理健康教育，培养学生的规则意识和竞争意识。这就要求将德育目标、智育目标、美育目标等都融入体育教学目标中，在体育教学目标体系中提出对学生多方面素质的建设要求和评价标准。

三、体育教学目标编制的原则

（一）场景性原则

体育教学是在特定教学场景中开展的，所以编制体育教学目标一定要注意其场景性。如果体育教学目标失去场景性，那么就基本失去了意义。

（二）可选择性原则

科学合理的体育教学目标必须是能够通过多种途径和渠道完成预期教学效果的目标，如果教学目标缺乏这种可选择性，则不利于体育教学活动的开展。

（三）激励性原则

科学的体育教学目标为学生在学习中提供了科学的指引和正确的方向，可激发学生的学习动机，激励学生进步。为充分发挥体育教学目标的激励功能，应该注意将主观付出融入体育教学目标中，需要学生付出一定的努力而实现学习目标，而不是轻而易举地实现。

四、体育课时教学目标的编制

体育教学目标包含多个层次，对不同层次的教学目标进行编制时要采用不同的思路和方法，这里着重分析体育课时（课堂）教学目标的编制方法。

（一）目标分解

体育课时教学目标是最基础的体育教学目标，它的上级目标包括单元教学目标、学年或学期教学目标和学校体育目标等多个层次的教学目标。单元教学目标是体育课时教学目标最直接的上级目标，二者之间的联系非常紧密，单元目标是课时目标编制的直接依据。因此在体育课时教学目标的编制过程中，要先对单元教学目标的属性有所明确，清楚所教单元是简教类单元还是精教类单元，该单元的教学内容是封闭型还是开放型，然后进行目标分解，进而编制各个课时的教学目标。

在体育课时教学目标的编制中要注意以下几方面关于目标分解的问题。

1. 目标的整体性

考虑不同课时目标的联系和课时目标与单元目标的关系。

2. 目标的可操作性

编制可测量、经过努力可以实现的教学目标。

3. 目标的灵活性

从学生实际出发编制循序渐进的教学目标，灵活调整各目标的优先级，激励学生不断努力。

（二）任务分析

在体育单元教学目标确定下来后，便可以此为依据展开任务分析工作。学生要达到单元目标，必须学习规定的从属知识，而且所学知识之间存在着密切的联系，剖析这些知识及其相互关系是任务分析环节的主要工作。体育课时教学目标的确定必须以单元教学目标为依据，这就要求结合体育单元教学内容进行关于教学知识的任务分析，在这一环节以逻辑分析为主，并明确指出学生达到教学目标应该具备的能力。

（三）起点确定

教学目标侧重描述的是学生的学习结果，而非教师的教学行为。分析学生的起点能力，根据分析结果而进行教学起点的确定，如此才能保证制定的教学目标更恰当，进而提升教学目标指引下教学过程的有效性。确定教学起点是需要观察力和评估水平的一项工作，起点必须定得恰到好处，防止过高或过低，否则不仅无法实现教学目标的功能价值，而且还会造成教学资源的浪费。

对教学起点的确定要以学生的实际情况为依据，从学生的实际需要出发，这就要求对学生进行全面分析，主要包括以下几方面。

1. 分析学生学习特征

从学习的角度来看，学生的学习特征包括长期形成的学习习惯、在课堂上的学习态度、运用的学习方法、在学习过程中心智发展达到的水平等。这些学习特征因素都在不同程度上影响了教学起点的确定，因此必须对学生的这些学习特征给予高度的关注与重视，并对此进行全面分析。

需要注意的是，学生的学习特征是动态变化的，因此要结合具体情境进行跟踪分析，主要采用的方法有观察法、谈话法、调查法等，教师需要灵活采用多种方法进而对学生学习特征做出准确判断。

2. 分析学生预备技能

学习新知识，学生需要先具备一定的知识与技能基础，这是学习与掌握新知识的前提条件，对学生预备技能进行分析，是为了解学生是否已经具备了基础条件，是否做好了学习新知识的准备。在体育教学中，知识储备多、基础技能好的学生往往更容易掌握新知识，更容易运用知识与技能的迁移原理而将原有经验运用到新知识的学习中。

3. 分析学生目标技能

对学生的目标技能进行分析，是为了解学生是否掌握了规定的教学内容，是否达到了教学目标中的要求，如果已经达到，那么对于相应内容的教学简单安排即可，如果还未达到，则要适当增加课时分配，如此可以使教学过程详略得当，提高教学效率。分析学生目标技能时可以采取观察法、随堂测试法、调查法等。

（四）准确表述

教学目标侧重描述的是学生的学习结果，对教学目标的表述必须严谨、准确、恰当，使学生从教学目标中清楚获知自己应该学习哪些知识和技能，应该达到什么样的学习状态和程度。对不同类别教学目标的表述要注意区分，表述课时教学目标要达到具体、可测量的标准，从而减少学生学习的盲目性。

第三节　体育教学目标的优化

一、体育教学目标存在的问题

（一）目标较为明确但比较单一

当前，我国绝大部分高校的体育教学目标都比较明确，注重学生身体素质的提升、注重学生运动技能的掌握和提高，但仍存在过分强调认知目标和技能目标，而对情感领域的目标不够重视的问题，忽视了对学生心理素质、道德素质和精神品质的培养，没有认识到非智力因素对实现知识目标和技能目标的重要性，在日后的教学中对此要予以调整。

（二）教学目标与实际情况联系不密切

绝大部分的高校体育教师都能依据体育课程标准或教学大纲制定教学目标，但在一定程度上未能将目标与学生实际、学校实际和教学内容特点相结合，换句话说，制定的教学目标与实际情况有所背离，使得教学计划中的教学目标缺乏实际意义，这会影响到体育教学效果和教学质量。因此，体育教师在制定体育教学目标前要做好充分的调查，熟悉学生的学习基础与能力，了解学校的基本情况，只有这样才能制定出符合教学实际的教学目标。

（三）对于教学目标存在描述不当的情况

在体育教学目标的制定工作中，很重要的一点是要准确、合理地描述教学目标，否则会直接影响教学目标的可操作性，也会降低其作为体育教学评价标准的可测量性。有些体育教学目标在表述方面存在不准确、不恰当的问题，主要表现为没有从学生的行为角度进行描述，或者对学生行为进行描述时没有使用准确的行为动词，或者对于某特定项目的目标实现水平没有做准确描述，这些问题都直接影响了体育教学目标的可操作性和可测量性。

二、体育教学目标的优化

鉴于体育教学目标尚存在诸多问题，体育教师在教学实践中要合理优化体育教学目标，以逐步健全和完善体育教学目标体系。体育教学目标的优化策略如下。

（一）以教学大纲为准绳，以实际情况为依据

在体育教学目标的编制与设计中，应以教学大纲为准绳，但切忌将教学大纲中的教学目标简单照搬到教学计划中，而应该在教学大纲的基础上，结合教材内容、学校教学条件、学生实际而制定合理的教学目标。体育教师应善于结合体育教学实际而将教学大纲的总目标细化为具体的子目标，并准确表述各个子目标。

体育教师应该依据目标设置理论而从认知、技能和情感三大领域着手制定全面的教学目标，尤其要注意对于易被忽视的情感领域的教学目标的制定。认知目标是技能目标的载体，在表述认知目标时要恰当地渗透技能目标，情感目标一般要简单明了，与学生的心理特征相符。

在现代教育思想和素质教育理念的指导下，既要从学生的基础素质和共性出发而制定群体目标，又要结合学生的个性、特长、兴趣爱好而制定个体目标，为不同水平的学生制定实现难度适宜的教学目标。

（二）要保证教学目标具有可操作性和可测量性

教学目标的可操作性是指制定的体育教学目标在现有的教学条件下，师生

经过努力可以实现的目标，而非不切实际的、夸夸其谈的教学目标。如在篮球项目的罚篮教学中，制定罚篮命中率目标时，体育教师要结合学生的运动基础和能力制定合适的目标，要依据学生的平均水平制定大部分学生经过努力练习可以实现的目标。另外，也可以对部分高水平学生提出更高的要求，制定实现难度相对较大的目标。

教学目标的可测量性是指当体育教学目标作为教学结果的评价标准时能够发挥客观作用，通过评价使师生认识到实际完成情况与预期的差异。

要保证体育教学目标的可操作性与可测量性，就要从实际出发而制定目标，并且要准确描述目标。

（三）强化目标意识，提高教学效率

正确合理的目标能够为人们提供努力的方向，能够指引人们前进，使人们为了目标而努力、坚持。因此在体育教学中必须强化目标意识，特别是要培养和强化学生的目标意识，使其清楚自己的学习目标与努力方向，为实现目标而养成良好的体育锻炼习惯。目标意识较强的学生更容易在课堂上进行有效学习，从而有助于提高学生在课堂上的学习效率。

第四节　素质教育理念下体育教学目标的确立

教育有多种形式，但无论是哪种教育形式，目标性都是最基本的特征，素质教育的目标是实现人的全面发展，在素质教育理念下确立体育教学目标，应将素质教育的原则和要素融入其中，促进学生全面发展。

一、素质教育理念下确立体育教学目标的要求

（一）全体性要求

在素质教育理念下确立体育教学目标，要突出目标的全体性，即面向全体学生而制定集体性目标和个性化目标，使每个学生既清楚自己通过体育学习所要达到的一般要求，又清楚如何在自己的学习能力、兴趣爱好、个性特征等基础上实现个性化目标，从而使每个学生在达到教学标准的同时实现个性化发展。

（二）全面性要求

全面性要求指的是对学生在体能、心理、社会适应能力、道德、审美等多

领域提出的学习要求，并确定这些要求的重要程度，使学生在体育学习中由主到次逐步实现各个目标，实现全面发展。

（三）自主性要求

在体育教学目标制定中应提出有利于激发学生学习自主性，提高学生自主学习能力的教学目标，使学生主动掌握体育知识和技能，主动参与体育锻炼，主动通过体育学习而提升自己的综合素质。在自主性要求下，体育教师应结合学生的兴趣爱好、个性特点来制定目标，科学引导学生通过自主学习而提升体育学习兴趣，提高体育运动技能水平，提高心理素质和道德水平，最终实现学习目标。

二、素质教育理念下的体育教学目标

在素质教育理念下，应该以全面提高学生健康水平和体育素养为体育教学目标。在该目标的引领下需要更新体育教学内容、创新体育教学方法、完善体育教学过程、健全体育教学评价、加强体育教学管理、提高体育教师素养。

要在体育教学中实现素质教育目标，不仅要改革体育课堂教学，提升课堂教学效果，还应该组织丰富多彩的课外体育活动，加强对课外活动的管理，构建课内外教学一体化模式，充分发挥课外体育活动对培养学生体育素养和综合素质的作用。

三、高校体育素质教育目标

在高校素质教育中，体育教学是不可或缺的重要组成部分，其在实现素质教育目标和高校教育目标方面发挥着独特的功能和重要的作用。高校应该依据素质教育的总目标和人才培养目标而制定体育教学目标，优化体育教学过程，结合高校办学特色而顺利实现体育教学目标与素质教育目标的对接。

图3-5所示的目标体系中，特色为"德育的渗透"，同时强调对学生体育意识的培养。目标体系中各个子目标之间密切联系、相互协调、相互促进，在体育教学实践中相互统一。只有各项目标有机结合，才能实现综合效应，更好地实现总体目标。高校的体育素质教育要通过开展体育课堂教学，发挥环境潜移默化的熏陶作用，通过设置社会实践教学环节，将体育文化内化为学生的人格和内在品质，多方面、全方位综合促进学生发展，实现预期目标。

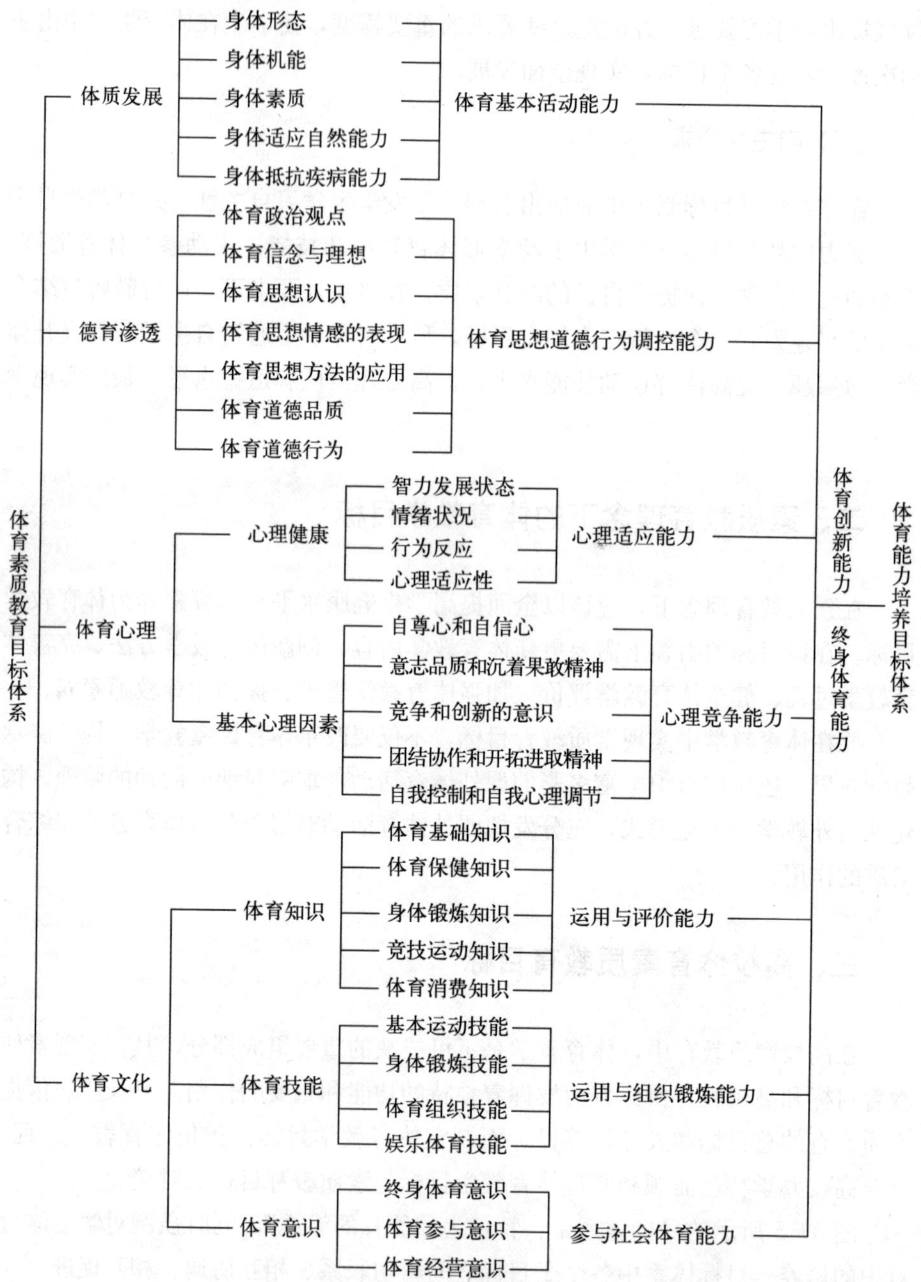

图 3-5 高校体育素质教育目标体系和体育能力培养目标体系①

① 张振东，吴健，林克明．体育素质教育目标体系与培养方法［J］．上海体育学院学报，2001（增刊 1）：147-149．

教学课程建设的主导——高校体育教学师资队伍的建设

社会在进步，时代在发展，作为教育的核心力量、教学课程建设的主导者，高校的体育教师队伍也要加强建设。随着高校体育教学目标和任务的不断明确，以及体育科学自身的快速发展，体育教师的能力需要全面提升。本章将从体育教师概述、当前高校体育教师队伍建设的现状以及体育教师综合素质的培养与提高三个方面进行论述，希望对我国高校体育教师的培养提出有益借鉴。

第一节　体育教师概述

一、体育教师的基本职责

（一）贯彻执行各项教育方针

体育教师是高校教学系统中直接贯彻国家针对体育教育制定的政策、方针与倡导的理念的执行者，是各种教案、教学文件的制定者。因此，体育教师具有非常重要的职责。体育教师必须明确自身的职业使命，认真学习国家关于体育教育的最新思想，热爱体育事业和教学工作。体育教师应该尽职尽责地完成每个教学环节，在国家各项教育方针的指导下，做到从学生的实际学习情况出发，相对灵活地制定和调整各种教学工作计划，不断提高教学效率。

（二）完成体育教学工作

体育教学是高校教学活动的重要组成部分，具有不可替代的价值。体育教师要制定系统的教学计划，为教学活动进行充分的准备，在教学实施过程中还要具备良好的执行能力和应变能力，要根据学生的接受情况和竞技状态对教学安排进行适当地调整，还要制定科学的评价标准，对教学实践进行及时评价。

与此同时，体育教学活动不仅包含体育知识和体育技能等内容的讲授，还包含对学生体育品德的塑造和培养，通过体育运动培养学生坚毅拼搏的精神品质，以及面对困难时不惧挑战的乐观态度。

（三）组织指导课外体育锻炼

学生的课外体育锻炼实际上是体育教学的重要延伸，是高校体育教学的潜在内容。因为大学生正值青春年少，是充满活力的群体，他们往往喜欢在课余生活中进行一些体育运动，而体育教师应在其中发挥重要的指导作用，比如学生组建的足球俱乐部、篮球俱乐部、网球俱乐部等，还有体育协会、体育兴趣小组、夜跑群、马拉松小组等。这些课外体育活动尽管并非直接涵盖在教学范围之内，但是体育教师往往充当着场外指导的角色，对活动强度予以评估、对注意事项予以强调。教师也由此与学生建立了更加密切的联系，利于课堂教学的开展。

（四）组织校园体育活动

体育教师除了承担教学任务之外，还肩负着校园体育文化建设和组织校园活动的职责。比如，体育教师是校园运动会、校园体育竞赛的主要组织者。以校园运动会为例，自运动会的举办时间确立之后，体育教师就开始着手进行各方面的准备工作。包括确定运动会的规模、比赛项目、比赛规则、经费预算、选手选拔、赛前训练、人员安排，以及比赛过程中的组织协调。体育教师往往还要肩负起裁判工作，以及开幕式、闭幕式的组织工作等。体育教师的工作水平将直接影响高校的体育活动和体育文化建设的质量和层次。

（五）具备一定的科研能力

体育教师需要定期参加不同规模、不同类型的教研活动、教学调查活动等，通过不断学习和思考提升理论水平、优化教学方案。一方面，通过丰富视野来不断深化个人对体育教育的理解，进而总结经验，提升自身的教学水平。另一方面，要将个人的思考和实践成果总结成文字，独立撰写研究报告，科研论文或者专著，并积极地与其他教育同行进行成果分享和交流，主动对新生代教师进行指导和帮助。

体育教师要善于探索、勇于创新，秉持严谨求实的科研态度，积极掌握并应用多种研究方法，从而不断提高自身的科研能力。

(六) 校园体育文化的主要建设者

一方面，体育教师通过日常的体育教学、课间体育活动，以及专题讲座、体育竞赛、体育沙龙等活动多视角、全方位地宣传体育精神与体育文化。另一方面，体育教师本身就是校园内行走的健康代言人。优秀的体育教师一般都拥有积极乐观的生活态度，他们热爱自己的教学事业，有自己钟情的体育项目，风雨无阻常年坚持健身运动，等等，这些都会对学生产生正面影响，从而对学校的体育氛围和体育文化建设产生积极作用。

(七) 参与社会体育工作

高校体育教师是一群掌握了专业体育知识和体育技能的专家，同时也具有教学经验和教学能力，因此常常在社会性的体育活动中看到他们的身影。比如，一些社区体育中心、健身俱乐部等都希望聘请体育教师作运动指导和顾问，他们也由此成为全民健身事业中的重要力量。

二、体育教师的基本素质

(一) 体育教师的政治思想素质

体育教师的政治思想素质是指教师的政治思想、政治立场、政治观点等，一名教师必须具备正确、稳定的政治思想素质。个人的思想作风影响着个人的世界观、人生观和价值观，决定着一名教师的工作信念和生活态度。思想观念处于发展变化的过程中，它会随着时代的进步、社会的发展而变化、成长。体育教师身处育人的重要岗位，首先要具备良好的政治思想素质，然后在教学中才能够对学生进行正确的引导，才能以身作则对学生产生积极的影响。具体而言，体育教师的政治思想素质应该体现在以下几个方面。

第一，热爱祖国，坚决拥护、执行党和政府的政策、法令、教育方针等。

第二，具有坚定地为人民服务的精神，忠诚于教育事业和体育事业。

第三，具有明辨是非美丑的能力，可以理性、客观地看待和分析社会现象，守住底线不盲目跟风。

教师的主要工作是授业解惑，同时通过以身立教的方式对学生进行正向引导，教师的一言一行都会对学生形成重要的影响。因此，作为一名体育教师必须要有过硬的政治思想觉悟，并在政治观念的指引下形成正确的人生观、价值观，唯有这样，才能输出符合社会主义核心价值观的教育内容。

（二）体育教师的综合心理素质

体育教师的职业特征要求他们必须具备良好的综合心理素质。比如，保持旺盛的好奇心，主动适应时代的变化并积极探索事物的本质；培养广泛的兴趣爱好，并持续地研习和发展，积极地丰富自己的精神世界和业余生活；面对困难时保持积极乐观的心态，能够勇敢地迎接挑战、克服困难等。只有保持积极乐观的人生态度，才能够对不同身体情况和性格特点的学生进行耐心教导。只有具备敏锐的观察力、判断力，才能够应对课堂上发生的不同情况，及时识别学生的情绪，并给予适当地支持和引导。体育教师还应该具备良好的情绪管理能力，能够认识、调整、疏导自己的情绪和心境，以饱满和积极的状态进行授课。除此之外，体育教师还应该具有较强的自控力，对影响自身情绪的性格、气质因素具有较为清晰的认知，并且在心理状态受到这些因素影响时，能够有效地进行自我调节。要保持良好的心理素质，体育教师需要不断地学习，需要有意识地对自我情绪做反思和评价。

（三）体育教师的能力素质

体育教师的能力素质是指教师能够顺利完成教学工作所具备的基本能力。主要包括以下内容。

1. 完整的知识结构

体育教师不仅要掌握系统且全面的体育运动学知识，比如体育社会学、体育人类学、体育史、体育哲学、体育美学、体育行为学以及人体运动学知识，掌握人体运动时各器官的机能变化和规律。还要具备全面的教育学和心理学理论基础，比如教育学、教学论、学校体育学、教育心理学、运动心理学、运动训练学等学科的原理和方法。同时，还要拥有运动营养学、运动康复等横向学科的知识储备。只有在掌握并综合运用这些知识与技能的基础之上，体育教师才能通过课堂教学切实提高学生的身体素质和运动技能。

为了保证学生能够真正掌握体育基础知识与基本技能，并且树立科学的体育观念、掌握全面的运动技术，体育教师必须具备扎实的理论基础，并且有能力与时俱进地随时将新知识、新观点纳入教学实践中去。这样，学生不仅可以了解体育运动的本质以及体育运动的一般规律和特点，还能熟练地掌握一项或几项运动项目，以及该运动项目的发展历史、运动规则、技战术技巧、裁判方法等。

2. 过硬的专业能力

体育教师只有具备过硬的专项技能，才可以根据教学需要为学生进行技术技巧的示范和指导，并能够快速判定学生在练习中出现问题的根源，同时给出有效解决方案。为了顺应时代的发展和提升学生的学习兴趣，体育教师还应熟悉一些娱乐体育和休闲体育的项目内容，作为对教学内容的补充。

3. 先进的教育理念

教育理念是决定教学效果和教学质量的根本，是教育的生命线。体育教师要有意识学习先进的教育理念，将自身成长作为职业发展的基本目标。尤其是在素质教育的背景下，体育教师应摒弃过往重结果、轻过程的教学观念，而是要以终身体育、以人为本、个性化教育教学观武装头脑，在先进理念的引导下让体育教学工作迈上新的台阶。

4. 全面的教学能力

教学能力既是体育教师的基本能力，也是一种综合能力的体现。一名优秀的体育教师所展现出的教学风格一定是扎实的专业基础知识，高水平的教研能力、创新能力、教学计划与决策能力、组织能力以及语言表达能力的综合体现。体育教师还要善于利用体育教学的特点和优势，抓住各种有利时机，开发新的教学方法和教学手段，灵活安排教学。真正做到以学生为教学主体，以寻求利于学生学习和进步的方法为教学出发点，以实现理想的教学效果为教学目标。下面对几项重点能力予以说明。

第一，教研和创新能力。教研能力是指体育教师通过广泛地搜集资料，进行综合地研究、调查、统计和分析，并最终得到可以应对当前问题的解决方案，或者可以提升当前教学效果的创新实践能力。因此，教研能力与创新能力常常是相辅相成的，具备教研和创新能力是成为优秀体育教师的必要条件。

第二，组织能力。组织能力不仅是指体育教师对课堂教学活动的组织管理能力，它还指教师对课间操、自发性体育活动的整体调动能力，指教师在面对全校师生时表现出的领导能力，指教师对大型校园运动会的组织、策划、协调、统筹能力等。

由于体育学科的特殊性，体育教师还应该具备指导各类群体活动的能力。包括对常见的体育项目组织竞赛活动，并担任裁判等。

第三，语言表达能力。语言是人与人之间交流的重要手段，教学活动要求教师必须使用语言对学生传授知识和组织教学活动，对教师的语言表达能力要求通常高于对其他职业的要求，因为教师在传授知识的活动中，处于主导地位，使用语言是否规范，表述是否清楚，表达方式是否符合学生的心理，这些都将直接影响教学的质量。虽然体育教学内容有别于一般文化课，但体育教师同样需要掌握说话的艺术，用优美、动听、洪亮的语言组织体育教学，让体育课变得生动活泼，妙趣横生。

第四，应对突发状况的能力。在参与体育运动的过程中学生难免会发生身体的磕碰和损伤，因此，体育教师还应该具备一定的医学知识、急救能力等，从而可以完成一些应急处理。

第二节　当前高校体育教师队伍建设的现状

随着高校体育教学改革的不断深入推进，我国高校体育教学逐步实现了阶段性的目标，取得了良好的成绩。但是，为紧跟社会的发展步伐，高校体育教学体系建设任重道远，在各个层面都设定了新的发展目标，其中突出强调了要加强体育教师队伍的专业化建设。在全面推进体育教师队伍专业化建设的过程中，需要体育教师勇于开拓创新，遵循国家和社会的发展规律，努力探索教师专业化发展的路径，不断提升个人的职业竞争力，进而为我国的体育事业和教育事业做出更多贡献。

一、高校体育教师的整体素质现状

（一）体育教师的发展积极性不强

目前，我国高校体育教师对自我发展的认识还不够全面。大部分体育教师把精力投入在教学上，对工作的热情仅局限于提升教学实施的有效性以及加强对学生运动技能的培养上，而对新的教学理念，学习积极性不高，更缺乏动力去探究素质教育与体育教学的相关性。因为在相当一部分体育教师的意识里，教学工作的核心就是完成教学任务和目标，以结果为导向。也就是说，高校体育教师，其自身的教育观念还停留在应试教育的阶段，他们对以人为本、个性化发展的新理念还没有足够的认识。因此，要深化素质教育改革，首先需要更新教师的教育理念并提高教师的认知水平。

（二）体育教师的创新能力不足

体育教师作为高校体育教学活动的主要指导者和组织者，其自身的创新意识非常重要，会对教学效果产生直接的影响。在体育教学实践中，教师必须保证自己的专业能力与时俱进，带给学生有时代特色且贴近真实生活的学习体验，从而提高学生的学习兴趣，提升体育教学效果。这需要体育教师具有较强的创新意愿，能够将当前的体育发展趋势、时下的文化热点进行筛选提炼，将其中有教育意义的成果转化为课堂上的教学内容。然而，由于各种原因，我国高校的体育教师更喜欢把精力放在提升学生体育技能和动作技巧等方面，无论是对教学模式还是对教学内容的改革创新都没有足够强烈的意愿。

之所以会出现当前的局面，一方面，这是由于大部分体育教师的知识结构较为单一，缺乏批判性思维能力，对体育文化事业发展的敏感度不够。另一方面，长期稳定、封闭的教学环境会导致体育教师满足于现状，对创新意识培养缺乏重视，把教育教学理念改革视为其他文化类学科的任务，片面把体育素质培养与智育建设割裂。当前的高校体育教学中，无论是教学内容还是教学模式，都存在创新不足的问题，导致教学效率和教学质量都很难发生质的提升。

（三）体育教师缺乏自我更新能力

高校的体育教师基本上都毕业于体育专业院校，接受过系统化、专业化的训练。他们具有基本的体育专业素质和教学能力，特别在经过几年的教学实践之后，体育教师对教学工作驾轻就熟。他们中的绝大多数观念较为保守，行动相对懈怠，都安于现有的舒适区，而未能持续地、主动地进行学习和能力提升。正是由于自身的学习意识和自我更新能力不足，他们也缺乏足够的底气提出创新见解。

另外，需要注意的是，我国许多高校体育教师的工作任务繁重，不仅需要完成一线教学工作，有的还兼顾其他后勤保障类工作，缺乏足够的时间和精力进行专业教学能力的系统提升。从学校层面看，应该提升对体育课程的重视程度，加大对体育教师的培养力度，为体育教师提供并创造更多的学习机会，营造可持续发展的环境。

二、高校体育教师的专业化发展

（一）高校体育教师专业能力现状

1. 理论基础不够全面

目前，在我国很多高校，存在体育教师知识结构失衡的情况，教师注重自身的专业技能水平提升，而在体育基础理论及其他学科知识积累上存在一定的欠缺，进而使得体育教学具有一定的局限性。

2. 教学改革创新意识不足

在长期教学实践中，一部分体育教师虽然已经积累了丰富的教学经验，但对于课程建设缺乏思考，对于学术研究缺少动力。究其原因，一方面是社会因素，长期以来人们对体育学科一直缺乏足够的重视，导致一些体育教师受到环境影响而对体育课程教学改革和创新缺乏积极性。另一方面是个人因素，体育教师没有用发展的眼光看待学科建设，甘愿停留在老模式、旧框架中，不愿意走出教学的舒适圈，对个人发展缺乏规划，致使其缺乏主动思考和探索精神，在学术研究上盲目而被动。

（二）影响高校体育教师专业化发展的因素

1. 传统教学模式的阻碍

尽管国家从上到下在极力推进教育创新，在这一过程中也的确取得了一些成绩，然而，不得不面对的现实是我国传统的教学模式已经相对固化，很难在短时间内发生明显的改善，这在很大程度上阻碍了教师的专业化发展。教师受到原有教学模式的限制，很难自由地发展。当然，教育变革需要循序渐进地进行，不可能一步到位，因此，我们需要拿出足够的信心和耐心。与此同时，应该鼓励广大的体育教师，尤其是青年教师群体，拿出年轻人应有的朝气和魄力，争取在现有的模式下寻求更多的创新和突破，将教学改革与职业发展相结合，充分发挥主观能动性进而实现个人价值。

2. 其他外部因素的影响

由于体育教学内容的特殊性，高校在开展体育教学时主要是在教室以外的场地进行，或者是在露天的操场上，或者是在学校的体育馆内，以上两种场所的选择都是基于开展体育运动和体育训练的需求。而体育教学中还有一部分体育理论课程也非常重要。在非教室环境中进行理论授课给教师带来了一定困难，久而久之，教师和学生会对体育理论部分缺乏重视，甚至直接放弃。从学生的角度看，即使具备极佳的个人潜能，但缺乏理论支撑而只有身体实践的体育，往往也很难得到长远发展，只停留于兴趣爱好的层面而无法向专业化推进。从教师的角度看，缺失了体育理论的课程难以充分施展教师的教学本领，就好比绑住了体育教师的一只胳膊或者一条腿进行教学，在这样的情况下，实现教学的专业化发展也只能成为空谈。

另外，高校应该对体育教师继续教育的议题加以重视，给出一些切实的支持，而不仅仅是鼓励。比如，在保证教学不受影响的情况下，优化调整体育教师的工作时间，尽量做到科学排课，给体育教师争取一些可以用于参与继续教育的时间和精力。同时，高校也要承担起一部分有关继续教育的规划重任，并给教师提供更多的学习资源，将职后教育作为教师专业化发展的重要途径，让教师能够学到先进的教育思想理念与前沿的专业理论和技能，使教师的专业化水平符合现代教学的发展，促进高校体育教师的专业化能力提升。

第三节　体育教师综合素质的培养与提高

一、体育教师提高自身综合素质的方法

学习方法决定着学习效率。体育教师一方面承担着极其繁重的工作任务，另一方面又要利用业余时间进行自我提升和继续教育，如果不采用科学的、合适的学习方法，很难获得理想的学习效果，久而久之学习积极性就会减退。因此，掌握一套高效的学习方法对于体育教师而言非常重要。

（一）明确学习目标

对于系统化的能力提升或学历提升类学习而言，体育教师应该从自身的实际情况出发，制定明确的学习方向和学习目标，然后运用目标和时间管理工具，有计划、有步骤地完成学习。这一般适用于综合能力提升或者学历晋升类的学习。

对于以解决实际问题为目的的学习活动而言，体育教师首先应该具备自觉性，即遇到问题时主动去解决，带着明确的问题通过找资料、请教专家、与同行交流以及自己摸索的方式，探寻、比较并最终确定问题的解决方案。

（二）勤思考多交流多实践

学而不思则罔。在学习新知识和新技能的时候，要多加思考，将新习得的知识技能与已掌握的知识技能相结合，完善知识体系，夯实知识结构。

体育教师在提升个人能力的过程中，应该有意识地多与前辈和同行交流，从他人分享的经验中获得启发，从而有助于学习效率的提高。

学习与实践是相辅相成的，只有经过反复实践检验的能力才是真正习得的过硬本领。体育学科的特殊性决定了体育教师的学习本身离不开身体的运动实践，而对于体育和其他学科的理论类知识的学习同样要在日常工作和生活中寻

找和创造实践的机会，从而加深对理论知识的理解。

（三）善于利用学习资源

体育教师应该学会运用多种现代化的知识平台，结合自己的学习目标，选择最佳的学习途径和学习资源，实现全方面能力素质的提升。

二、体育教师的创新能力提升

高校教学领域的创新包括教育思想的创新、教学模式的创新、教育方法的创新等。这一切都需要高校教师各具备突出的创新能力，还离不开教师们的积极探索与大胆实践。而教学改革的目的之一，就是将已经不再适合社会发展需要的教学模式和教学内容进行大胆地改造，这其中起到关键作用的就是教师队伍。因此，教师队伍的创新能力将直接决定着我国教育改革的效果。

（一）培养体育教师的开拓精神

要获得创新能力首先应该具备开拓精神，体育教学活动具有复杂性、多变性和多样化的特点，体育教学的特点为培养体育教师的开拓精神创造了有利条件。高校要鼓励体育教师因时、因地选择不同的教学方法进行教学，还应为体育教师推进课程创新提供客观支持条件。

（二）提升体育教师的教研能力

体育教师的教研能力提升要建立在广泛调研和不断实践的基础之上，结合理论研究将个人经验上升至方法论层面，不断完善教学体系。教研水平作为评价一名教师创新能力的最主要标准，应该得到教学管理者和教师的重视。高校体育教师应该努力提升自身的创新能力和教研水平，用理论成果指导教学实践，为我国的体育教育贡献力量。

三、提高高校体育教师的专业化水平

（一）个人发展与职业发展相辅相成

为了进一步促进体育教师的专业化水平提升，需要不断地增强体育教师的职业意识，不断拓宽体育教师的教育视野。体育教师要端正个人的职业定位，专注于教育事业，并将个人发展目标与职业理想相结合，真正成为推动国家体育教育事业发展的专业化人才。

（二）加强学科建设

高校对体育学科建设的重视程度也是影响体育教师专业化成长的重要因素。各高校应该结合自身的实际情况，努力打造适合学生发展的体育学科教学体系，并组织教学骨干成立专项教学小组，以团队形式开展体育教学模式与教学内容的研究。在实践中，可通过以下三种方法加强学科建设。

第一，从高校的实际情况出发，成立专项体育科研小组，研究并确定可以发展的核心运动项目，通过核心运动项目建设带动其他运动项目建设，逐步实现高校体育学科的全面发展。

第二，建立评价机制，对教师在教学工作中的情况定期作出评价，及时了解教学效果，进而对教学内容进行有针对性地改善和优化。科学可行的评价机制无论对于学科建设还是教师的成长，都具有重要的现实意义。

第三，重视团队建设，营造良好的教研氛围。高校应积极发挥组织协调作用，安排集体备课、课堂观摩等活动，增强体育教师在教研活动中的团队意识。

（三）建立健全激励机制

高校在引导体育教师进行专业化发展的过程中，应该制定切实可行的激励制度激发教师的自我提升动力。例如，通过职称评定、晋升、评优等多种手段来提高教师开展专业化学习的积极性。同时，还应该为教师尽量合理地安排教学时间，为教师创造更多的学习机会，让教师有充足精力积极地投身到自我提升的学习活动中。

四、课程思政理念下高校体育教师核心素养的培养

体育教师核心素养是体育教师通过灵活运用体育专业课程体系知识，以促进教师全面发展及提高体育专业课程课堂质量为目的，将知识传授、能力培养、情感教育三者充分整合，在体育课堂互动情境中的产物。课程思政理念下体育教师的核心素养可总结为体育教师在充分理解课程思政的含义和目标后，将真挚的体育教育情怀、扎实的体育专业知识与技能、创新的教学方法策略及高尚的思想品德充分整合，高质量完成体育课程教学工作，充分实现体育课程

全面育人价值的专业素养。①

课程思政理念下高校体育教师核心素养的培养主要从以下两方面展开。

（一）拓宽核心素养的广度——提升体育教师打造体育课程思政教学环境的能力

全面发挥体育教师核心素养的创造性，打造内涵丰富、元素多样、有温度和深度的体育课程思政互动课堂。具体从以下两方面来落实。

1. 构建"教学研"一体化模式

在"教学研"一体化模式中，"教"指的是高校体育教师在长期的体育教学实践中积累的教学经验及掌握的教学方法；"学"指的是体育教师通过观摩学习、交流培训后专业素养的提升；"研"指的是体育教师的学术活动，如教育教学研究。"教学研"一体化就是将教育、学习、科研有机融合，形成相互关联、相互作用、相互促进的有机统一体。

高校中有些学科的思政教学已经取得了良好的成效，积累了一定经验，高校体育教师要充分借鉴与吸收这些成功经验，结合体育教学的特征，深入思考体育课程思政的优势与价值，并在体育课堂教学中充分融入德育与价值观培养，将课程思政元素融入体育教学的各个环节，促进体育课程结构体系的不断完善和课程实施过程的不断优化。此外，对于课程思政精品示范课程、优秀教师课程思政教学案例，体育教师要主动观摩学习，积累知识，总结方法，并将所学成果运用到体育课程教学中，促进体育课堂教学的丰富和教学成果的创新。

同时，积极鼓励体育教师参与各级体育科研项目的申报，组建体育科研项目攻关团队，组织教师参与体育科学研究的全过程，对体育教师的科研意识、科研能力、创新意识进行培养，促进体育教师专业核心素养的提升，践行"产学研"一体化模式的发展理念。

2. 注重与学生互动体验

体育课堂教学的平稳运行离不开和谐的师生关系，与学生保持友好互动关系也是体育教师核心素养的基本体现。在体育教学过程中，教师不仅要传授给学生体育知识、体育技能，还要健全学生的人格，培养学生的体育精神，提升学生的思想道德素养，这需要体育教师在教学中营造情感互动的和谐课堂环

---

① 王肇博，李在军. 课程思政视域下体育类专业教师核心素养的培育［J］. 体育教育学刊，2022，38（3）：8-13.

境，与学生平等相处，充分尊重学生的主体性和个性，尊重学生在课堂上的话语权，听取学生的合理建议，使学生真正融入课堂中。为增强体育课堂互动体验感，体育教师可以将信息化教学平台运用到体育课堂教学中。

教师可以组织和开展体育课堂竞赛，培养学生平等、公平的意识和遵守规则的习惯，促进学生品德素质、文化素养、社会责任感的提升，在课堂上将正确的价值观传递给学生，创建有趣的、有内涵的、有品质的体育课堂，在融洽和谐的体育课堂环境中以情动人、以德化人，使高校体育课程思政的育人深度进一步拓展。

（二）挖掘核心素养的深度——提升体育教师课程思政教学能力

在高校体育教师核心素养的培养中，除提高体育教师打造体育课程思政教学环境的能力外，还要提升高校体育教师课程思政教学能力，转变体育教师对课程思政教学理念的片面认知，使体育课程内容与课程思政理念同向同行，防止专业知识传授与人格培养相脱节。

提升体育教师课程思政教学能力，挖掘体育教师核心素养的深度，关键要从以下两方面努力。

1. 提升体育教师的学习能力

高校体育教师要紧跟党中央的方针政策，深入学习贯彻习近平新时代中国特色社会主义思想，在深刻理解国家发展方向的基础上结合自身专业发展需要将理论性、政策性的宏观内容微观化，在教学中与学生交流分享学习感受与情感体验，深度挖掘体育课程思想政治元素，与学生形成思想上的共鸣，以达到"春风化雨""润物无声"的教学效果。

此外，高校可以组织体育教师在业余时间观看优秀教育影片、参观红色教育基地、参与课程思政专题演讲等活动，从而提升体育教师的互动感与体验感，以利于教师在体育教学实践中形成对于塑造学生优秀人格与培养社会主义建设接班人重要使命的重新认识，在体育教学实践中能够坚持体育、德育、智育、美育并重，全面落实课程思政的教育理念。

2. 提升体育教师挖掘课程思政元素的能力

课程思政中的思政元素丰富多彩，不管是数量上，还是表现形式上，都具有多样性、广泛性和个性化特征。高校体育教师在挖掘体育课程思政元素的过程中要贯彻以下原则。

第一，科学性。科学性原则要求体育教师挖掘体育课程思政元素时要由浅入深、循序渐进。在体育教学实施中，通过体育知识与技能的讲解、示范，引入相关背景介绍，由表层向深层过渡，引发学生的情感共鸣，培养学生的体育人文素养。

第二，全面性。全面性原则要求体育教师挖掘体育课程思政元素时尽可能全面、深刻，不同体育专业课程的思政育人价值各有侧重，如运动人体科学专业课程教导学生敬畏与尊重生命；运动训练专业课程培养学生团结协作、奋勇拼搏、乐观进取的体育精神；民族传统体育课程激发学生的民族认同感，增强文化自信。全方位挖掘各类课程中的思政元素能够为体育教师开展教学工作提供全新思考模式。

教学课程建设的核心内容——高校体育教学过程体系的建设

高校体育教学过程是体育课程建设的核心内容。体育教学过程主要由体育教学内容、体育教学方法、体育教学模式以及体育教学评价组成，从这些构成要素出发而全面建设体育教学过程体系，整体优化体育教学过程，可完善体育教学课程系统，最终提升体育课程教学质量。本章着重对体育教学过程体系中各分支体系的建设展开研究，探索整体推进高校体育教学课程体系建设水平的路径。

第一节　体育教学内容体系的建设

一、体育教学内容体系的现状

当前，我国体育教学内容体系主要存在以下几方面的问题。

（一）教学内容覆盖面较窄

体育教学内容体系中动作技能的比重较大，理论知识的比重较小，理论与实践内容的占比差距大，这是很多高校在体育教学中普遍存在的问题。此外，高校设置的体育理论教学内容也是以常见运动项目的理论知识为主，是为实践教学而服务的，而关于体育文化的知识较少。在实践教学方面，内容以竞技项目为主，传统项目较少。

（二）教学内容偏竞争性

现代社会充满激烈的竞争，学生在充满竞争的社会环境中需要具备一定的抗压和竞争能力，高校十分注重对大学生竞争力的培养，因此在体育教学内容体系中融入了较多竞争性很强的体育项目。这虽然能够激发学生的挑战欲望，培养学生的竞争意识与能力，但这些内容往往难度较大，使运动能力一般的学生望而生畏，挫伤了部分学生的学习积极性，进而导致这些教学内容无法顺利实施，无法达到预想的教学效果。而且对抗性强的教学内容在实施过程中如果缺乏合理引导和专业管理，还可能导致一些学生滋生暴力倾向，造成不良影响。

二、体育教学内容体系建设的原则

构建高校体育教学内容体系须贯彻与遵循下列几项重要原则。

（一）科学性原则

1. 遵循学生的身心发展规律

学生的身心发展有普遍规律，同时也存在个体特殊性，体育教师应对学生身心发展的普遍规律和一般特征有正确的认识与理解，同时关注少数学生的特殊情况，从而科学构建体育教学内容体系。

2. 遵循动作技能形成规律

体育教学内容中包含大量技战术训练内容，对这类内容的选择与安排要遵循动作技能形成规律和学生的学习规律，重视阶段性成果，鼓励学生循序渐进地掌握动作技能，提高运动水平。

（二）整合性原则

对体育教学内容的特点从整体上进行分析，在此基础上对教学内容进行科学设计、恰当选择及综合安排，并从实际教学情况出发灵活调整，不断完善体育教学内容体系。高校不同层面的体育教学内容既相互独立，又密切联系，只有将它们有机整合，才能最大程度地发挥整体功效。

第一，将运动健康知识和运动技能结合起来，既要传授基本健康知识、运动健康知识，又要传授体育项目的技战术方法，综合提升学生的自我保健能力和运动锻炼能力。

第二，将传统体育项目与新兴体育项目结合起来，既要传承传统体育文化，弘扬民族传统，又要引进新兴项目，提升学生的学习兴趣。

（三）整体性和衔接性相结合原则

在体育教学内容体系建设中坚持整体性与衔接性相结合的原则，就是要将高校体育教学内容作为整体来设计，同时要将不同年级的体育教学内容按照一定的科学规律与逻辑关系串联起来。

将整个高等教育阶段的体育教学内容作为一个整体而设计时，既要考虑教学内容的综合一致性，又要根据处于不同年级、不同教学阶段以及不同基础水平学生的情况而对体育教学内容进行设计。

高校体育教学内容的衔接性不仅体现在对大学不同年级、不同阶段的教学内容的衔接上，还体现在与义务教育和高中阶段体育教学内容的衔接上，如图 5-1 所示。

三、体育教学内容结构体系的改进

（一）目的性的改进

关于体育教学内容结构的主观目的性，主要可以从下面两个层面来理解。

第一，在不同的学习阶段，学生对学习内容有不同的需求，基于这一现象，要结合学生在不同阶段的主观需求而合理选择与整合能够实现学生学习目的的教学内容。

第二，基于对学生学习规律、认知规律、接受规律的认识与理解而设计体育教学内容，使学生通过参与体育课程而建立合理的体育认知结构和运动技能结构。对不同水平的学生进行教学时，也要注意教学内容的区别，合理安排内容并实施分组教学。例如，对于体育基础一般和运动能力较差的学生，要先培养兴趣，安排一些自由锻炼类、游戏类体育活动，使学生通过充分参与而产生兴趣，进而提升学习自信心。

（二）动态性的改进

随着体育教学研究的深入与发展，学界不断产生新的体育理论、多元教学观点，提升了体育教学的丰富性。这就要求高校体育教师紧跟形势、关注行业发展方向、用开放的心态面对新知识、新成果，并积极思考其与教学实际的关联。通过动态性的革新与改进，将体育新知识融入体育教学中，突出体育教学内容体系的科学性、进步性。

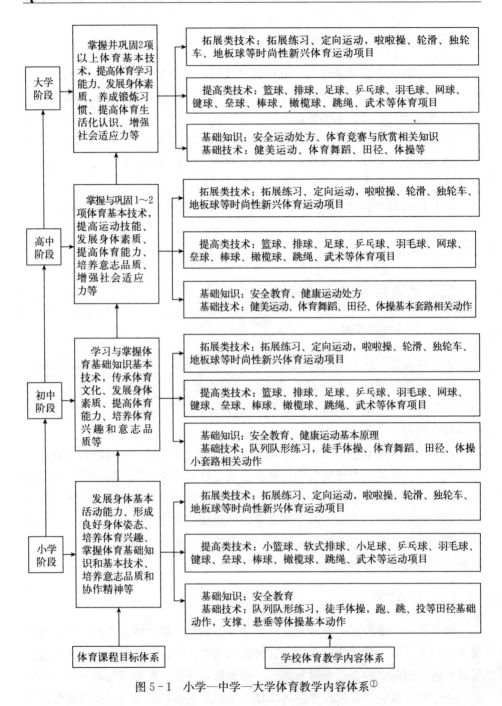

图 5-1 小学—中学—大学体育教学内容体系[①]

---

① 蔺新茂，毛振明. 体育教学内容论 [M]. 北京：北京体育大学出版社，2014.

第二节　体育教学手段与方法体系的建设

一、体育教学手段的分类体系

体育教学手段是指体育教学活动中为实现体育教学目标而使用的工具。一般将体育教学手段划分为两种类型，即人体内部感官视角手段与人体外部视角手段，每种类型又包含丰富的内容，如图 5-2 所示。在高校体育教学中要根据教学需要和教学条件合理选择恰当的教学手段，并善于将多种手段加以整合运用。

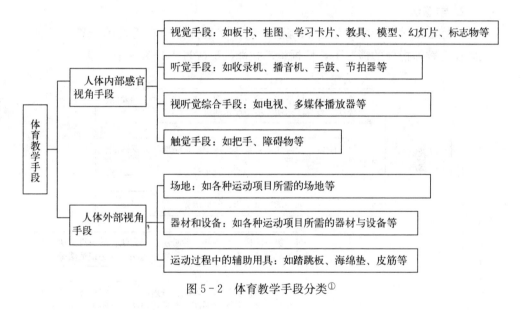

图 5-2　体育教学手段分类[①]

二、体育教学方法的分类体系

体育教学方法的概念有广义和狭义之分。

广义上的体育教学方法是指体育教师为达到体育教学目标在教学过程中指导学生所使用的一系列活动方式、途径和手段的总和。

狭义上的体育教学方法是指体育教学中教师依据教学目标，为使学生循序

---

① 李启迪，周妍. 体育教学方法与手段甄异 [J]. 体育与科学，2012，33（6）：113-117.

渐进掌握体育知识与技能而选择的某种具体方法或手段。[①]

体育教学方法有诸多分类依据，不同的分类方式构成了体育教学方法分类体系，常见分类方法有以下几种。

(一)根据体育学科的特性分类

依据体育学科的特性，将体育教学方法分为"教法"和"学练法"两类。如图 5-3 所示。

1. 教法

教法以教师为主，依据运动技能形成的三个阶段（建立技术表象、实施与矫正技术、巩固技能）划分各个阶段的教法。

2. 学练法

学练法以学生为主的学法和练法，包括有教师指导和无教师指导两种情况，在有教师指导的情况下，依据运动技能的形成过程分为三个阶段。

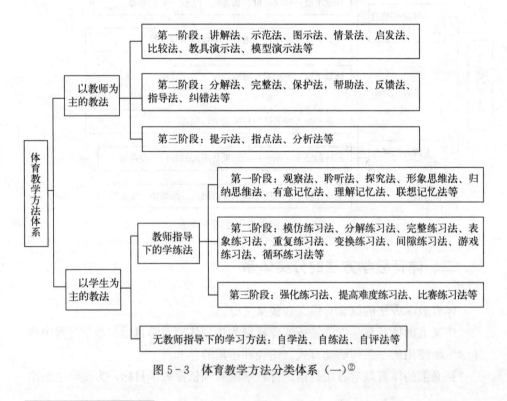

图 5-3 体育教学方法分类体系（一）[②]

① 张振华. 体育教学理论与方法 [M]. 北京：北京师范大学出版社，2016.

② 李启迪，周妍. 体育教学方法与手段甄异 [J]. 体育与科学，2012，33 (6)：113-117.

（二）根据体育教学指导思想分类

根据体育教学指导思想，将体育教学方法分为原理性教法和操作性教法两种类型。如图5-4所示。

原理性体育教学方法是在教学思想的指导下形成的，以教学理念为依据而解决体育教学实践问题的方法，是教学思想在体育教学实践中直接转化的结果。

操作性体育教学方法是体育课堂上运用的口头讲解法、教具演示法、各种练习法等具体教法。

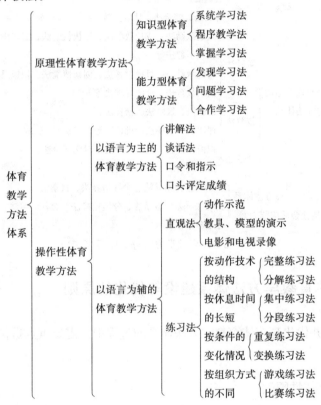

图5-4　体育教学方法分类体系（二）[1]

（三）根据体育与健康课程标准目标分类

依据体育与健康课程标准，结合教学方法的基本原理，可以将体育教学方法体系分为如图5-5所示的几种类型。

---

[1]　曲红军．论体育教学方法的分类与选择［D］．济南：山东师范大学，2003．

体育教学方法体系
- 体育健康知识和运动技术理论教学方法体系：讲解法、谈话法、问答法、讨论法、比较法、归纳法等
- 运动技术教学方法体系
  - 泛化阶段教学法：情景置疑法、启发法、发现法、直观法、示范法、多媒体法、模拟法、辅助练习法、暗示法、比较法、分解法、预防错误动作法等
  - 提高阶段教学法：纠正错误法、部分完整练习法等
  - 技能巩固阶段教学法：重复练习法、变换条件法、完整练习法、自练法、过渡练习法、强化法、比赛法、循环练习法等
- 发展学生体能方法体系：负重法、持续法、间歇法、游戏法、综合法、比赛法等
- 激励与评价运动参与方法体系
  - 激励法
    - 兴趣激励法：成功教学法、愉快教学法、需要满足法、教学引趣法等
    - 动机激励法：目标设置法、创新情境法、积极反馈法、归因教育法、价值寻求法等
  - 教育法：说服法、鼓励法、榜样法、评比法、表扬法、批评法等
  - 评价法：积极评价法、鼓励评价法、对比评价法、信息反馈法、自我评价法等
- 发展学生心理方法体系（包括社会适应能力）：个别与集体指导法、个性培养法、自学法、自练法、差别教学法、分组轮换法、合作学习法、分层教学法等

图 5-5 体育教学方法分类体系（三）[①]

三、体育教学方法体系建设与优化的原则

在建设并优化高校体育教学方法体系的过程中，需要重点贯彻以下几项重要原则。

（一）整体性原则

高校体育教学方法体系是一个综合整体，由诸多科学有效的体育教学方法构成，这些教学方法各自独立，同时也相互联系，了解不同教学方法之间的内在联系，按照一定的规律与逻辑将它们组合起来加以运用，才能充分发挥各自的功能，进而发挥整体功能，这有助于更好地实现体育教学目标。

[①] 李启迪，邵德伟. 体育教学基本理论研究 [M]. 北京：北京师范大学出版社，2014.

（二）功能性原则

体育教学方法的功能是非常丰富的，如对体育教学秩序的维持功能、对教学过程的推进功能，对师生形成良好互动关系的催化功能以及促进体育教学目标实现的功能等。在体育教学方法体系的建设与优化中，要根据不同教学方法的主要功能进行归类，从教学需要出发将各类教学方法有机组合，充分调动与发挥各类教学方法的功能，使这些具有指向性的体育教学方法在功能层面达到高度整合，最终达到最大的功能效应，取得最佳应用效果。

兼顾功能性原则而建设与优化体育教学方法体系，能够使教学方法体系的建立更具有实效性和现实意义。从不同体育教学方法的特征着手对其加以组合，发挥整体功能与优势，具体可参考图 5-6 所示的模式。

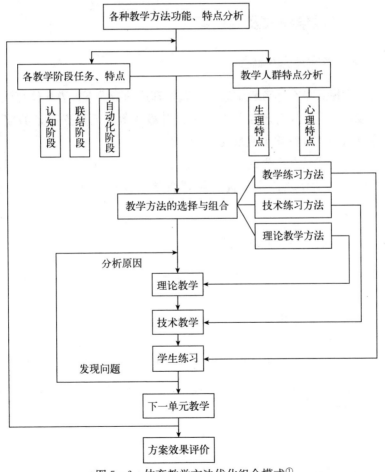

图 5-6　体育教学方法优化组合模式[①]

（三）层次性原则

体育教学的总体推进以及每一次体育教学活动的组织与实施都是一个循序渐进的过程。在体育教学的不同阶段，体育教学目标会发生变化，目标对方法的选择有指向和引导作用，因此体育教学方法也要根据目标做出相应的调整。随着体育教学内容由简单到复杂的进阶变化，体育教学方法的选用也越来越多元，在这种情况下构建体育教学方法体系要体现出层次性，要根据教学目标而对教学方法合理划分层级，层级越清晰越能够帮助体育教师准确选择教学方法，并将其运用到体育教学活动中。

第三节　体育教学模式体系的建设

一、体育教学模式及其构建

（一）体育教学模式的概念

体育教学模式是在体育教学思想和教学理论的指导下，遵从体育认知规律和技能形成规律，在体育教学环境中为提升教学效果而建立起来的较为稳定的、多维指向的体育教学实践系统。[①]

体育教学模式具有重要的解释与启发、调节与反馈、简化与预测等功能，科学建设体育教学模式体系对优化体育教学过程和提升教学效果具有重要意义。

（二）体育教学模式的构建程序

体育教学模式构建是一个具备逻辑递进层次的过程，基本程序如图 5-7 所示。

以发现式体育教学模式为例，其模式构建分为以下几步。

1. 明确指导思想

选择合适的指导思想作为模式构建的依据，使教学的主题思想更为突出。发现式教学模式的指导思想是以学生为本，激发学生的求知欲和探索欲，进而提高学生主动学习的意识与能力。

---

① 邵伟德. 体育教学模式论［M］. 北京：北京体育大学出版社，2005.

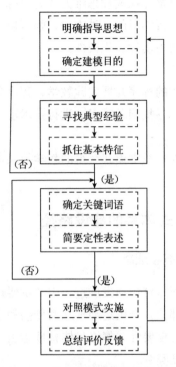

图 5-7　体育教学模式构建程序①

2. 确定建模目标

明确了教学指导思想后，再确定教学模式的构建目标。发现式体育教学模式的构建是以促进学生自主学习水平的提高为目标的。

3. 寻找典型经验

通过调查研究，寻找符合模式构建思想与构建目标的典型经验或原型作为教学案例。

4. 抓住基本特征

分析教学案例，概括教学案例的基本特征与基本教学过程。

5. 确定关键词语

确定表述这一体育教学模式的关键词。发现式体育教学模式的关键词主要有学习兴趣、主动意识、学生主体等。

6. 简要定性表述

对体育教学模式进行简要定性表述。发现式体育教学就是从学生好奇、好

① 李启迪，邵伟德. 体育教学基本理论研究 [M]. 北京：北京师范大学出版社，2014.

问、好动的特征出发，以培养探究性思维方式为目标，以基本教材为内容，让学生通过再发现的方式进行学习的一种方法，强调以学生为主体，激发他们对体育的兴趣，提高练习的主动性和积极性。

7. 对照模式实施

对照发现式教学模式的程序开展实践教学，程序包括设置教学情境、提出问题、进行尝试性练习、寻找问题答案、进行技术动作教学等。

8. 总结评价反馈

体育教师对运用发现式教学模式获得的教学效果进行总结与评价，找出不足，加以改进。

二、体育教学模式体系的建设路径

（一）树立终身体育教学理念

全民运动理念是我国体育运动发展过程中的重要理念，全民健身活动是我国体育事业的重要组成部分，全民运动理念的传播和全民健身热潮的兴起使人们逐渐认识到体育锻炼的重要性。将终身体育理念引入体育教育中，与时代潮流和社会发展的需要高度契合。

高校体育教师应树立终身体育教育理念，培养大学生终身体育锻炼意识和持续性体育锻炼习惯，具体要做到以下两点。

第一，将终身体育理念渗透至高校体育教学模式体系的建设中，使大学生对终身体育锻炼的重要性有充分理解和认识，将体育教学在促进学生全面发展方面的重要作用凸显出来。高校体育教师要善于运用先进的教学手段与教学方法调动学生体育学习和体育锻炼的积极性，提升学生的体育兴趣、强化学生的自主锻炼意识，引导学生养成良好的运动习惯。

第二，围绕学生健康主题展开体育教学，将健康理论知识教学和运动技能实践教学结合起来。从理论与实践两个方面为大学生终身体育锻炼习惯的养成奠定坚实的基础。

（二）改善体育教学设施条件

当前，我国高校体育教学设施相对落后和教学设备不完善的问题对教学活动的开展造成了一定制约。对此，在建设体育教学模式体系的过程中，要加大对体育教学基础设施建设的投入力度，不断更新教学设施与设备，完善硬件设施条件，创建良好的体育教学物质环境。

随着高校体育教学现代化水平的提升，体育教学手段越来越科技化、先进化、智能化，将先进的教学设备和运动器材引进高校体育教学中，有助于调动学生的学习兴趣，为体育教学提供诸多便利，提高课堂教学效率。此外，智能设备还可以对学生的身体健康水平、体能水平、运动技能水平等进行检测，有助于教师及时全面了解教学模式的应用效果，为完善教学模式体系与健全教学评价体系提供了量化指标，同时也有助于优化个性化的体育教学内容。

（三）完善体育教学管理机制

当前高校体育教学管理中存在管理僵化，管理机制适用性不强、不够灵活等缺陷。鉴于此，在建设体育教学模式体系时，必须积极调整与科学优化体育教学管理机制，对各种管理机制如教学过程监控机制、师生评价机制、教学质量评估机制、学分考评机制等予以完善，将体育课堂教学与教学过程中的其他环节有机结合起来，形成动态机制，为高校体育教学的顺利开展提供有力保障。

（四）提高体育教师业务能力

建设体育教学模式体系，离不开体育教师的参与，体育教学模式的实施效率和应用效果也直接受体育教师业务能力的影响。因此在体育教学模式体系建设中不能忽视对体育教师队伍的科学培养，要加强对体育师资队伍业务能力的培养，促进体育教师专业水平的提高。

三、交往教学模式的应用案例

（一）交往教学模式概述

交往教学模式在 20 世纪 70 年代初产生于联邦德国，之后迅速传播，被运用到学校教育教学中。在教学中往往存在这样一种现象，如果学生在心理上不接受和认可某个学科教师，或者与该教师关系不和谐，就会对这门学科丧失兴趣，甚至产生抵触情绪，学习成绩也不理想。相反，倘若学生与任课教师之间建立了融洽的关系，友谊深厚，那么学生可能因为热爱、崇敬这名教师而喜欢这门课程。可见，要培养学生正确的学习态度、浓厚的学习兴趣，首先要建立良好的师生关系。基于这一认识，教育界学者构建了交往教学模式，该模式强调师生、生生交往的重要性，强调互动与合作，通过建立融洽的师生、生生互动关系而引发学生的学习兴趣、提升学习能力，培养学生的合作意识与团结协作能力。

（二）交往教学模式在排球教学中的应用

1. 交往教学模式的实施原则

（1）合理交往原则

排球教学中的交往主要是指合作，也就是以合作为主体的交往方式，师生合作式交往的合理性除了体现在关系平等、和谐共处外，排球教师在排球课堂教学中不仅要对排球知识、技能进行讲解、示范，还要将表扬学生、为学生纠错作为交往互动的重要内容与手段。

与体育教育教学规律相符的交往教学模式更能够获得学生的认可，得到学生的理解与配合。将交往教学模式运用到排球课堂教学中，有利于营造和谐融洽的课堂氛围和建立友好的师生关系。

（2）相互依赖原则

相互依赖指的是角色上的依赖，在排球比赛教学中，为学生安排不同的角色，学生既要承担个人的角色责任，又要与其他队友相互配合、集体行动，不同角色的学生齐心协力才能达成集体目标。

2. 交往教学模式的特点及应用

（1）强调个人价值的实现

在排球教学中合理设置学习目标，使学生通过努力实现目标，体验成就感，肯定自己的价值，提升对于学习的兴趣、积极性和自信心。

（2）重视小组交流

在排球教学中，培养学生的团队精神和集体主义精神，如在游戏开始前让各小组成员制定战术打法，鼓励小组成员各抒己见，共同设计出最优方案，在这个过程中师生之间、生生之间的交流至关重要。

在排球比赛中，引导学生多交流，相互配合，让他们感受到队友的鼓励、支持。通过交往可以培养学生良好的心理素质，使学生学会控制自己的情绪，调节自身心理，并塑造拼搏、助人的优秀品质，使他们终身受益。

（3）优化教学组织方式

将交往教学模式运用于排球教学中，教师应采用圆形、半圆形、马蹄形等队形方式来讲解知识、示范动作，便于学生观察、模仿与练习。在学生自主练习过程中引导学生独立发现并解决问题，教师要与学生多沟通、常互动，在恰当的时机给予指导，提供帮助，充分发挥学生的主观能动性，激发其练习兴趣，使学生真正喜欢上排球运动。

第四节　体育教学评价体系的建设

一、体育教学评价体系建设的指导思想

高校体育教学评价体系建设的基本指导思想如下。

第一，体育教学过程是一个由诸多因素构成的复杂过程，考虑到这一点，在体育教学评价体系建设中要对教学过程的构成要素尤其是过程性要素进行分析，要将体育教学基本规律、体育教学的完整性、整体性、综合性等体现出来，要将高校体育教学工作的精神主旨反映出来，保证评价结果的客观真实，以促进有关部门对教学工作进行全面诊断，提出改进方案。

第二，构建体育教学评价体系，要将静态评价与动态评价结合起来。这里的静态评价主要是指终结性的评价，而动态评价则指的是为促进教学改进、监督教学目标实现的阶段性评价。

第三，在评价体育教学条件方面，要充分结合学校实际情况，设定合理的评价标准。制定切实可行的评价标准将有利于相关部门合理配置体育教学资源，对教学条件予以改善，为体育教学工作的开展提供便利，满足学生学习的实际需求。

第四，将体育教学效果评价、教学条件评价及教学过程评价结合起来，但也要抓本质、抓重点，对核心指标和项目予以筛选和确定。

二、体育教学评价体系建设的原则

（一）客观性原则

对高校体育教学评价体系进行科学建设，主要是为了将体育教师与学生在体育教学过程中的教学活动和学习活动客观真实地反映出来。所以，必须遵守客观性原则来建设体育教学评价体系，防止过多主观因素对教学评价的干扰，并剔除影响教学评价公平性的因素。只有做到客观评价，评价结果才真实可信，才有参考价值。

（二）科学性原则

在高校体育教学评价体系建设中遵守科学性原则，要求合理筛选评价内容

和评价指标，科学分配各个评价指标的权重，既要评价体育教师的教学能力，又要评价学生的学习成果，既要评价体育理论教学的过程与结果，也要评价体育实践课教学过程与结果。

（三）可行性原则

体育教学评价体系是否具有可行性，直接决定了其能否被运用到体育教学评价工作中。因此要在可行性原则的基础上去建设体育教学评价体系，确保评价体系的可操作性，除了设定定性评价指标，还要注意科学设定量化评价标准，从而充分发挥评价体系的应用价值，实现教学评价的功能，达到评价的目的。

（四）全面性原则

高校体育教学评价体系应当全面反映体育教学的各个方面，尤其是学生在体育教学活动中发生的变化，包括内在变化和外在变化。只有评价体系构建完善，才能全面考评体育教学活动，才能充分发挥评价体系的反馈、激励功能，促进学生全面发展，同时促进教师不断改进教学过程，提升教学质量。

（五）可比性原则

参照体育教学评价体系的指标和方法开展教学评价工作，最终得出客观、具体、准确的评价结论，通过这一系列结论可以实现不同学生间学习情况和结果的横向比较，也可以实现同一学生在不同阶段的学习结果的纵向比较，上述结果可以充分反映体育教师在不同阶段的教学成果，能够督促体育教师不断改进教学过程。

三、体育教学评价指标体系的构建

（一）体育教师教学评价指标体系

体育教师教学评价指标体系能够比较全面地反映体育教师教学的全过程，构建体育教师教学评价指标体系要以"备课—上课—总结"的教学过程为主线，具体包括对体育教师教学准备情况的评价，对教学条件的评判及对课堂教学设计与实施过程的评价，并观测体育教学目标的达成情况。体育教师教学评价指标体系的构建如图 5-8 所示。

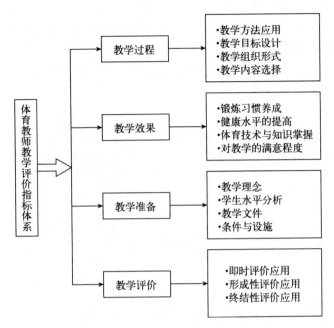

图 5-8 体育教师教学评价指标体系[①]

（二）学生学习评价指标体系

学生学习评价指标体系的建立是为了准确反映学生体育学习的全过程，应该包含所有关于学生体育学习的因素（图 5-9）。

1. 情感态度评价

对学生情感态度的评价主要是评估学生是否具有强烈的学习欲望，是否具有高涨的学习热情，是否具有较高的专注度，是否具有自主学习的意识和习惯等。

2. 技术技能评价

对于学生技术技能的评价主要是评估学生对运动技能的掌握情况。

3. 体质健康评价

体能是学生参加运动锻炼以及其他体育活动的基础。对学生的体质健康评价是对学生的肌肉力量与耐力、心肺功能、身体柔韧性等几项指标的量化评估。

在评价学生的体质健康时，选取的评价指标及方法也不同。如分别用引体

---

① 张振华. 体育教学理论与方法 [M]. 北京：北京师范大学出版社，2016.

向上、仰卧起坐来测试男生和女生的肌肉力量；用 1 000 米跑、800 米跑分别测试男生与女生的心肺功能；用坐位体前躯测试学生的身体柔韧性。

4. 知识认知评价

对学生体育知识认知的评价主要包括对学生在人体科学知识、体育理论知识等方面掌握情况的评估。

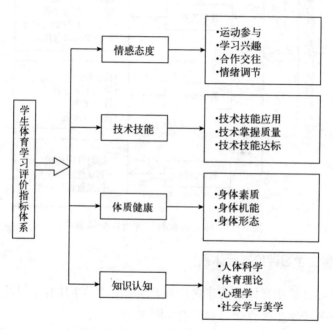

图 5-9 学生学习评价指标体系①

① 张振华.体育教学理论与方法［M］.北京：北京师范大学出版社，2016.

第六章 CHAPTER 6
素质教育理念下高校体育教学课程体系的建设与发展研究

教学课程建设的保障——高校体育教学资源管理体系的建设

高校体育课程建设与体育教学活动的开展离不开相应的教学资源，包括丰富的物质资源，充足的财力资源和专业的人力资源。为充分挖掘、有机整合及有效利用各类教学资源，需要加强对体育教学资源的管理，并通过科学监控与全面管理来充分发挥各类优势资源的功能与价值，提高对各类资源的利用效率，从而提高体育课程建设水平和体育教学质量。本章着重对高校体育教学资源管理体系建设展开研究，主要内容包括体育教学场所设施的建设与管理、体育教学经费管理以及体育教学组织与管理。

第一节　体育教学场所与设施的建设与管理

一、体育教学场所建设与管理

（一）场所建设的位置

修建体育教学场所，既要考虑体育教学的需要，又要考虑学生参与课外体育活动的需要，教学场所应该为学生参与体育活动提供便利，达到安全、实用的标准。在建设体育教学场所时要遵循如下原则。

1. 合理布局，相对集中

（1）在学生较为集中的地方或距离学生宿舍较近的地方建设体育教学场所，为学生进行体育锻炼和学校集体性体育活动的开展提供便利。

（2）尽可能集中地建设各种类型的体育教学场所，形成运动场所群。有些体育项目因其特殊性导致场所选址较其他场所分散，但分散的场所也要按一定的规律去修建，相应成团，便于管理。

2. 地势较高

考虑到排水的问题，应在地势较高、便于设计排水系统的地方修建体育教学场所，否则雨雪天后会产生严重积水，影响体育教学活动的开展。

3. 安全第一

学校体育教学场所建设必须考虑安全问题，把安全放在第一位，具体要注意以下几点：

第一，选择平整场地。户外体育教学具有一定的对抗性和竞争性，客观上是存在风险的，为预防伤害事故发生或减少发生率、降低损伤的严重性，需要选择平整的场地进行体育教学。

第二，周围近距离无障碍。周围近距离无障碍是很多体育运动规则中都会提到的一项规定，应该将此作为体育教学场所建设中的重要考虑因素之一，从而保障学生在体育课上或课余使用时的安全。

第三，远离交通要道。切忌在交通要道上修建体育教学场地，可考虑现实条件和实际需要在场地四周修建护栏，以免他人从场地中间穿过。

4. 远离其他教学场所

户外体育课的课堂氛围往往较为活跃，特别是进行群体性训练时，难免需要呐喊助威，所以要尽可能在距离教学楼较远的地方修建运动场所，以免对其他室内教学活动造成干扰。

（二）场所建设的标准

高校体育场所往往是举办大型体育赛事的重要场所，为了提高承办大型体育赛事的能力，满足举办综合性体育运动会的需要，高校体育场所建设要达到严格的建筑标准，一些主要指标要满足举办相应级别比赛的要求，如场地规格、地板（跑道）材质、观众席与主场地的安全距离等指标。比如，修建田径场地时，要满足举办所有田径项目比赛的需要，跑道规格要符合相应标准。修建体育馆时，需选择用实木地板做地面，主赛场面积要适宜，要满足开展多种运动项目教学和举办多个项目比赛的需要。

由于高校体育场所具有承办大型体育赛事的功能，为便于媒体直播，应配有基本的转播设施，如专用转播间、专用电源、摄像头连线预埋等。

（三）场所应具备的功能

1. 为体育教学服务

高校体育场所首先要为体育教学而服务，包括体育课堂教学、课外体育活动、业余体育训练和体育竞赛等多种形式的教学活动，这是高校体育场所建设的主要功能。

2. 美化环境

体育场所的占地面积比较大，是高校校园中具有标志性、代表性和吸引人注意的建设，所以要提高对这类建设的环境规格和要求，注意环保，并要具备一定的审美功能。

首先，科学规划体育场所，合理布局，达到整齐划一的效果，使校园硬件环境井然有序。

其次，注意体育场所周围的绿化建设，在具备基本条件的前提下，可遵循合理实用的原则将公园主题融入其中，营造良好的体育氛围，创建优良和谐的体育教学环境。

3. 对外开放

高校体育场所不仅能满足学校师生员工的需要，还能为社区居民锻炼身体提供基本便利条件，为社会举办大型活动提供场地，这是高校体育场所经济价值和社会价值的体现。

首先，为将高校体育场所的功能充分发挥出来，可在特定的时间段对周边居民开放，强化体育场所的社会服务功能，提升场所的社会价值。

其次，加强对高校体育场馆的运营管理，利用资源优势而向社会有偿提供体育场所，提升高校造血功能，扩大社会影响力，实现场所建设的经济效益和社会效益。

需要注意的是，高校体育场所的对外开放和经营应以不影响学校体育活动的开展为前提。

（四）场所管理要求

1. 功能齐全，搭配合理

功能齐全而且各种设施合理搭配的运动场所更能满足高校体育工作之需，满足学生参与各类运动项目的需要。综合性运动场馆讲求合理搭配，而专门的篮球馆、乒乓球馆、足球场等场馆场地则强调专馆专用。[1]

2. 器材摆放井然有序

体育场所内的运动器材设备类型多样，如果不分类存放，摆放杂乱，会给教师课前准备增添负担，学生在课堂上也可能需要花费额外时间寻找器

---

① 马定国. 高校公共体育管理［M］. 北京：北京体育大学出版社，2006.

材,会在一定程度上影响课堂教学进度,同时也会影响师生上课的积极性。一般来说,大型器材设备的摆放位置相对固定,小型器材要分类存放,方便使用。

3. 环境干净、整洁

良好的教学环境与训练环境能够给师生带来愉悦的运动体验,也能提升教学与训练效果,因此保持体育场所的卫生与整洁非常重要。应该每天安排专门的保洁人员或值班教师打扫体育场所,保证环境干净、整洁,并定期检查设备、器材是否损坏,及时维修并定期维护,保证上课安全。

4. 管理制度健全,责任明确

体育场所管理工作比较繁杂,需要认真对待,因此要建立健全相关制度,严格按规定进行管理,并明确有关部门及管理人员的职责,提升对场所环境、器材的管理效果。

体育场所中安全事故的发生与管理服务不到位直接相关,忽视安全管理将直接影响体育活动的开展以及师生的人身安全,对此,必须加强安全管理,构建与完善体育场所安全管理体系,如图 6-1 所示。

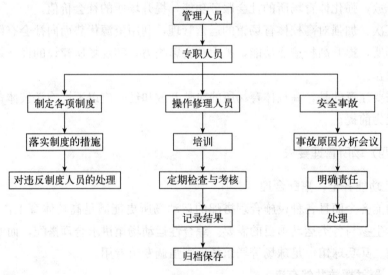

图 6-1　体育场所安全管理体系①

---

① 谈群林.体育场馆经营管理实务 [M].广州:华南理工大学出版社,2011.

二、体育教学器材配备与管理

(一) 体育教学器材的配备原则

高校体育器材的配备要满足以下两项原则。

1. 满足体育教学需要

高校配备体育器材，首先要考虑体育课程教学的需要，配备的器材要从数量、规格、质量等方面满足教学需要，为体育教学活动的顺利开展提供基础保障。非体育类院校开设了丰富的体育选修课，不同选修课上会用到不同的器材，因此要注意器材配备的多样化，尽可能种类齐全，数量充足，能够满足体育选修课教学的需要。

2. 满足比赛需要

在体育教学中如组织体育比赛，就要使用符合比赛需要的运动器材，从而为比赛式教学的开展提供便利，保证比赛的正常进行。配备种类齐全的、符合竞赛规格的、档次比较高的体育器材也能够为高校举办综合运动会或承接大型体育赛事活动提供基本的物质保障。

(二) 体育教学器材管理要求

1. 分类放置

可综合按照使用频率、器材规格摆放，也可以按不同项目分类放置。在做整理安排时要整体考虑拿取使用和器材养护的便捷性。

2. 规范外借程序

外借体育器材时，申请人先向相关项目体育教师申请，然后携带批准证明去借，器材管理员要根据使用人数、运动项目和借用时长来选取器材，不允许随意私自外借。

管理员要在外借交接器材时检查清点，做好记录，归还交接器材时，同样要当面检查，除了核对数量外，还要检查器材是否完好，检查无误后，再重新入库摆放到指定位置，便于下一次查找使用。对每一次外借都要做好详细记录，比如借还时间、使用班级、器材数量、器材名称等。

3. 及时修理

定期清点库存器材，除需要与台账核对数量外，还要检查损毁情况，并尽可能及时送修，以延长器材使用寿命。

4. 保持清洁

要保持器材的卫生，定期清洁消杀。

第二节　体育教学经费的管理

在高校体育教学经费管理中，要实现系统化管理、制度化管理、规范化管理以及效益化管理等几个方面的管理目标。体育教学经费管理主要包括体育器材经费管理、体育教研经费管理、体育活动经费管理。

一、体育器材经费管理

除了修建体育场馆、游泳池、草坪、塑胶跑道等大笔的经费支出外，体育教学器材采购，也是一项重要的支出。学校开设的体育课程项目越丰富，器材采购的经费预算管理工作也越复杂。

体育器材一般可以分为大型、固定器材和小型、消耗类器材。一般来说，大型体育器材造价高，购置周期较长，不易损坏，小型器材成本相对较低，其中有一些是消耗类器材，需要定期或经常性添置。

（一）器材采购预算

结合历史预决算数据、学生数量、体育课程设置等情况制订年度采购清单，并编制采购预算。一般情况下，每年大型体育器材的支出较为固定，而小型耗材的支出预算需要根据实际情况酌情增减。同时，还要结合年度活动计划做出机动支出预算，以支持活动的开展。

（二）采购行为规范

采购活动要严格按照预算执行，保质保量完成采购任务。可尽量通过团购、订购会等渠道进行采购。学校应制定具体的采购管理制度以监督、规范采购人员的行为。为了防止出现不当的采购行为，学校可以根据教职工情况，实行采购轮岗制。

（三）减耗增效

在高校公共体育器材管理过程中，为了提升体育器材经费的利用效率，对器材的使用也需要加强管理，规范使用行为，尽量减缓体育器材的消耗，延长使用期限。

二、体育教研经费管理

相对充足的体育教研经费是保障高校体育教学质量稳步提升的重要因素，应该通过科学的、现代的管理方法，让教研经费发挥出最大价值。

（一）外出考察观摩学习支出管理

为了增进高校体育教师间的交流和学习，高校会制定教师外出考察观摩学习的预算，这是教研经费管理的主要内容。为了正确评估考察的必要性以及实际预算支出的合理性，需要教师在费用发生后及时提交完整的考察调研报告。

（二）科研成果鉴定支出管理

教师在申报体育科研项目后，为了鉴定科研成果，须邀请有关专家作评估，这也是教研经费中的必要开支。同样的，对于这部分支出执行情况要做好严格地把关，避免产生与主题无关的其他支出。

三、体育活动经费管理

（一）体育比赛活动支出管理

一般而言，高校每年都会定期举办校级运动会，或者专项的比赛活动，比如篮球赛、乒乓球赛、足球赛等，这是高校体育文化建设的重要内容。在举行的各种校内竞赛中，主要支出包括组织编排费、裁判劳务费、奖品购置费等。对于这部分经费要本着节约开支的原则，以较低的成本实现对参与者的鼓励。

（二）学生的体育活动支出

高校组建了很多学生体育活动组织，比如学生体育协会、专项俱乐部、兴趣小组等。有些组织的活动经费由学校提供，对于这部分支出学校需要进行合理规划，避免浪费。下面以体育协会为例说明相关支出在管理上的注意事项。

1. 教师指导费

在学校体育协会的活动过程中，需要体育教师参与指导工作，对于教师的劳动报酬，学校需要制定出详细的、可执行的报酬标准。

2. 器材添置费

通常体育协会活动使用的器材与体育教学使用的器材基本一致，但一些特殊项目如拳击、棋牌等项目，已超出常规体育课程教学范围，对于这部分活动就要单独制定器材支出预算。

3. 外出比赛费用

当体育协会选派学生代表学校参加校外比赛时，也会产生专项费用，如交通费、餐饮住宿费、服装费等，对于这部分支出也要做好预算管理。

第三节　体育教学组织与管理

一、体育课堂教学组织形式

（一）集体教学

集体教学的组织形式适用于新内容的教学，采用集体教学方式，能够统一传授新内容，集中解决学生学习中的普遍性问题。在集体教学中，设计队形非常关键，体育教师要合理设计队形，选择适宜站位。

集体教学中常见队形包括以下几种。

1. 横队队形

横队队形如图 6-2 所示，将学生分为若干偶数列横队，队形整齐，视觉体验良好，为学生成双成对练习提供了方便，也便于集中管理。

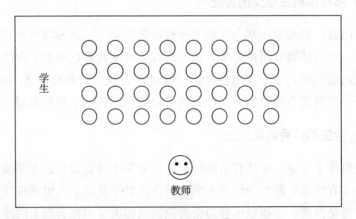

图 6-2　横队队形①

––––––––––––––––––––

① 马定国. 高校公共体育管理［M］. 北京：北京体育大学出版社，2006.

这种队形的不足是后排学生可能被前排学生挡住视线，不易观察教师的示范动作。所以在示范操作时也要注意灵活调整队形。

2. 包围队形

如图 6-3 所示，学生围成一个大圆，相互保持一定距离，教师站在中间，同样与学生保持适宜距离，确保做示范动作时不受影响。

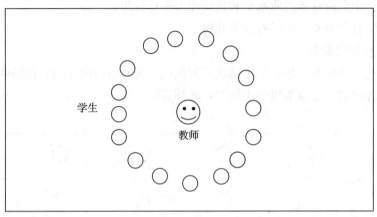

图 6-3　包围队形①

3. 准包围队形

如图 6-4 所示，学生围成不规则圆形，教师站在中间。一般在以学生练习为主的教学中采用这种队形。教师完成简单讲解和示范后，学生自由练习。学生的站位要保证能清楚观察到教师的示范动作，同时保证练习时互不干扰。

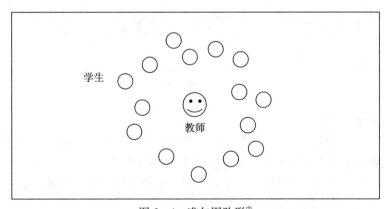

图 6-4　准包围队形②

①② 马定国. 高校公共体育管理［M］. 北京：北京体育大学出版社，2006.

（二）分组教学

分组教学是体育教学中很常见的一种组织形式，其优势在于组织方便，集合速度快，练习密度大，教学的针对性强。教师可以发现各组学生的不同问题，进行专门解决。分组教学是因材施教、个性化教学的主要形式，体育教师主要根据学生的身体素质水平和运动能力进行分组。

分组教学中常见队形有以下几种。

1. 延伸式队形

（1）并联队形。各组学生站成一列纵队，所有组横向并列，相邻两组间距适宜，各组组长带领本组学生练习，教师巡回指导（图6-5）。

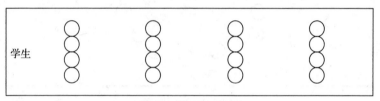

图6-5　并联队形[①]

（2）串联队形。各组学生站成一列横队，所有组排成一字形，相邻两组间隔一定距离，教师巡回指导（图6-6）。

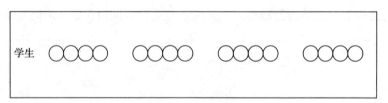

图6-6　串联队形[②]

2. 包围式队形

（1）糖葫芦队形。各组学生围成一个圆，所有组站成一排，间距适宜，由小组长带领自己的组员练习，教师进行指导（图6-7）。

（2）田字队形。各组围成一个正方形，所有组排列成田字形，由各组小组长带领练习，教师负责指导（图6-8）。

---

①② 马定国. 高校公共体育管理［M］. 北京：北京体育大学出版社，2006.

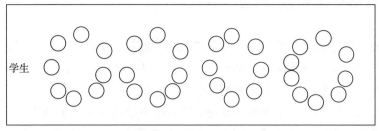

图 6 - 7　糖葫芦队形①

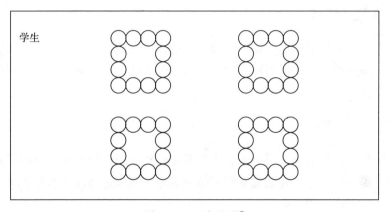

图 6 - 8　田字队形②

（三）个别指导

学生独立练习，教师巡回观察，及时发现学生的问题，指出并帮助纠正，这就是个别指导。这种教学形式的优势在于教师可以准确了解每个学生的练习情况，发现学生的问题，提高练习效率。

（四）教学比赛

选项课是高校非常普遍的一种课程设置形式，选项课的出现增加了体育单项的教学时间，而教学比赛是单项教学中很常见的组织形式。在具体项目的教学中开展小型比赛，能够激发学生的参与热情，提高学生的积极性，也能检验课堂教学效果。

---

①② 马定国. 高校公共体育管理 ［M］. 北京：北京体育大学出版社，2006.

二、体育课堂教学管理与控制

在高校体育教学系统中，体育课堂教学管理是非常重要的组成部分，优秀的体育教师不仅要具备深厚的理论功底，良好的教学能力，还应该熟练掌握课堂管理技能与方法，是一名成熟的体育课堂管理者。

体育课堂教学是一个完整的系统，在这个系统内部包含了师生交流的时间和双向活动的空间，通过最优控制，学生能够以最少的必要时间达到最佳的教学效果。在体育课堂教学管理中，实施最优控制需要从以下几个方面进行。

（一）定性控制

在体育课堂教学中进行定性控制，即要求体育教师以教学大纲、教学要求为依据，综合考虑学生的实际情况，再结合个人的教学经验和主观分析而明确课堂教学目标。

（二）定量控制

定性控制容易受到主观判断和不断变化的外界条件的影响，因此精确度不高，鉴于此，要在定性控制的基础上结合定量控制来进行课堂教学管理，提高管理效率，优化管理效果。

体育教师在教学中常常会做一些量化分析与研究，尤其是制定运动负荷的量化指标和运动密度的量化标准。但是因为学生之间在体能、协调性等方面存在一定个体差异，所以一些过于死板的量化指标并非对全体学生学习效果的衡量与评价都适用，这就需要灵活选定量化指标，同时要综合考虑学生、教学条件、器材等因素来分析与判断指标的合理性与适用范围。

（三）定序控制

从系统论的角度出发，将体育课堂教学看作是由诸多因素构成的系统工程，运用系统的观点审视这些因素的结构、功能和相互关系，有机整合各个要素，促进系统的顺利运作。

作为一个完整的系统，体育课堂教学要体现其整体性和综合性，达到最优化目的，就需要实现有序运作。体育教学系统包括体育教学目标、体育教学组织形式、体育教学内容、体育教学方法、体育教学评价等要素，要有序控制体育课堂教学的这些要素，就要从系统论的观点出发来制定课堂教学计划，实施课堂教学工作，全面检查教学过程和教学效果，总结成功经验和失败教训。体育课堂教学的有序控制与管理过程可以概括为科学计划、优选方案、灵活执行、分析评价 4 个环节。

在体育课堂教学中实施定序控制，要注意以下几点。

第一，体育教师要准确理解教学大纲和教材中的"序"，在宏观系统下对教材进行有序控制与实施，使学生逐渐掌握体育教材上的主要内容，逐步实现课堂学习目标。

第二，体育课堂教学分为理论教学与实践教学两个部分，其中实践教学占据较大比例，而实践教学是按照一定规律而有序变化和不断发展的动态过程，在这个过程中，存在着各种问题或意外情况，如运动损伤等。体育教师要及时根据实际情况合理调整教学环节中的不适宜因素，如改善教学环境、适时查看体育器材完好程度等，确保教学安全、有序推进。

第三，在体育课堂教学中教师要采用具有程序性、计划性、控制性的体育教学方法，明确方向、层层推进、步步深入、突出重点、突破难点。要以学生特点、教学内容特点、教学目标等为依据而选择教学方法，教学方法的选用也是一个包含判断、选择、运用、实施、调整与优化等要素的有序过程。

第四，在体育课堂教学中，教师既要严格遵守课堂制度与条例，又要进行灵活管理，做到严而不死、活而不乱，营造轻松活泼的课堂氛围，激发学生学习的积极性。

（四）定度控制

任何事物都要有数量界限才能保持自己的"质"，这个数量界限就是"度"，它反映了量的活动范围，而这又是由"质"决定的，这是事物发展的普遍规律。事物的量如果在度的界限范围内，便不会发生质的变化，而如果超过度的界限范围，与度的规定不相符，事物就会产生质变。度是包含量与质以及二者关系的一个概念，在体育教学中要讲求适度，防止过度。

定度控制是指要合理确定体育教学目标实现的难易程度、教材内容的推动进度和运动负荷的大小程度。要根据学生的实际情况来确定适宜的教学目标、安排恰当的教学内容、选定安全的运动负荷。

例如，在体育课堂教学中安排运动负荷时，既不能过高，也不能过低，只有适度才能保证课堂教学的科学性和有效性。又如，控制教材实施的进度和教学内容的难易度时，也要与学生实际相符，遵守适度原则，在此基础上因材施教，有序开展教学工作。

（五）定势控制

实施定势控制就是对课堂教学过程中的学生思维趋势、思想感情及某些非智力因素的控制。对学生学习情绪和情感的重视是现代体育教学的重要趋势之一，在体育课堂教学中调动学生的情绪，使其产生良好的情绪与情感体验，有助于学生敏锐地感知教学内容，形成牢固的记忆，发挥想象力，建立条件反射进而掌握运动技能。

在快乐教育等现代教育理念的指引下，体育教师要有意识地运用各种教学方法和手段创设教学情境，使学生达到良好的生理、心理和情绪状态，发挥主观能动性和作为学习主体的作用，真正成为体育课堂的主人。

（六）环境控制

体育教学环境主要包括三个组成部分，分别是室内环境、室外环境和人际环境，创造良好的体育教学环境也是体育教学管理的重要内容。学生在体育教学过程中的精神面貌、情绪直接受体育教学环境的影响，教学质量也受到教学环境的影响，因此在体育教学管理中加强环境创建与控制管理非常必要。

在体育教学中，体育教师既要创建和谐的课堂教学环境，也要不断优化室外教学环境，同时还要与学生建立良好的师生关系，贯彻民主教学原则，从而为提升体育教学效果提供全面的环境保障。

第七章 CHAPTER 7
素质教育理念下高校体育教学课程体系的建设与发展研究

素质教育理念下教学课程优化的
策略——体育信息化教学

在信息化时代，信息技术的高速发展及其在生产生活中的不断渗透促进了高等教育的改革与创新。信息化技术进入高校，与体育课程相融合，优化了体育课程教学过程，提升了体育课程教学手段的先进性，改善了传统体育教学的不足，有效提高了体育教学效率。在素质教育理念下构建体育信息化教学体系对促进体育教学优化与创新具有重要意义。本章着重对体育信息化教学展开研究，主要内容包括体育教学与现代信息技术的整合、体育信息化教学环境的创设、体育信息化教学课程的设计以及网络教学资源平台在体育教学中的具体应用。

第一节　体育教学与现代信息技术的整合

一、体育教学与现代信息技术整合的目标

在素质教育理念下，学科教学与现代信息技术整合的主要目标是培养具有综合素质的创新人才，通过技术整合，创建信息化教学环境，扭转传统教学方式低效、不灵活、只重视共性而忽视个性的局面，鼓励对学生的创新能力进行培养。

体育教学与现代信息技术整合的目标，包括以下几方面。

第一，对学生的终身体育学习意识与能力进行培养。

第二，对学生获取、分析信息，加工利用信息的信息处理能力进行培养。

第三，提高学生运用现代信息化学习方式进行高效学习的能力。

第四，对学生的适应能力和解决问题的实践能力进行培养。

二、体育教学与现代信息技术整合的意义

现代信息技术融入高校体育教学可以有效引导传统体育教学观念的转变和体育教学新模式的探索；有利于将先进、多元化的现代教育技术手段运用到体育教学中，进而有效促进体育教学效率的提高、教学效益的优化和教学质量的改善；二者的整合也将有力推动体育教学的现代化和高等教育的现代化发展进程。

下面具体从三个方面探讨体育教学与现代信息技术整合的意义。

（一）促进体育教学改革

现代信息技术在体育教学中的运用有力推动了体育教学的改革。具体体现在下列几方面。

1. 教育观念

体育教学与现代信息技术的整合改变了传统的体育教育思想观念，真正确立了以学生为主体的教学新观念，打破了传统体育教学观念下教师作为课堂中心而传授知识和技能，学生被动学习的局面。在整合思想指导下，体育教师设计教学过程，学生根据教师的设计自主学习、主动求知。

2. 教育信息呈现

将现代信息技术整合到体育教学过程中，提升教育信息呈现形式的多样化，增加了教学的新维度，使体育教学信息的加工与传输模式呈现出整体化、多渠道以及全方位的特征，这不仅可以调动学生的学习积极性，还有利于对学生的思维能力进行培养。

3. 教学模式

第一，体育教学与现代信息技术的整合从理论上指导体育教师探索体育教学新模式，以方法论指导为主，引导体育教师对已有教育模式建立更全面的认识与理解，引导体育教师分析不同模式的优点、适用范围进而合理选用教学模式。

第二，体育教学与现代信息技术的整合促进了创新性体育教学模式的形成与完善。在传统教学模式下，体育教学受限于学校的区域空间范围，而计算机、互联网等现代信息手段在体育课程中的运用打破了传统模式的限制，激发了新的教学模式的形成，但并不能因此对传统教学模式全盘否定，应该整合新旧模式的优势进而形成最优型教学模式。

4. 教学组织形式

班级授课制是传统的体育教学组织形式，是体育教学中常常采用的教学组

织形式，形式相对比较单一。现代信息技术环境下的教学组织形式能够使体育教学过程更加科学、合理、高效。传统的教学时空限制被打破，教学范围得以扩大，并形成了新的教学格局。

体育教学与现代信息技术的整合促进了体育教学改革，除了体现在以上几个方面外，还体现在促进体育教学评价改革、体育教学管理改革等方面。总之，二者的整合对体育教学系统中各要素的改革都起到了积极的作用，进而全面推进了体育教学系统的整体改革。

（二）提高体育教学效率

在体育课堂教学过程中整合与运用现代信息技术手段对提升课堂教学效率具有重要意义，具体来说，从以下两方面提升了教学效率。

1. 科学设计教学过程

在系统化思想的指引下设计体育信息化教学过程、学习过程，优化体育教学系统，使教学系统有序而高效率地运作。

2. 多元化呈现教学信息

在体育教学中根据教学需要而正确运用现代教学手段、技术，促进了体育教学信息传播速度的提高。例如，体育教师可在多媒体教室进行教学，利用多媒体教学资源图、文、声并茂的优势，可以在短时间内传播较多的体育知识，使教学过程更直观、形象，增加教学的感染力，提升学生学习的积极性，使学生快速接收信息，提高学习效率。

在知识经济时代，要提升教育质量，就要转变传统教育观念和教育模式，不应只让学生被动接受和继承已有知识，更应该教会学生如何获取与分析信息，如何筛选有用知识，如何运用知识，并引导学生掌握学习方法，学会自主学习，在学习中善于发现、探索，善于创新、创造，发挥个性，实现全面发展。为此，培养学生的创新素养和实践能力成为高校体育教学与现代信息技术整合的主要目标。

为了实现体育信息化教学目标，要树立先进的教学理念，对传统教学内容进行改革，应用现代信息技术创建数字化、网络化的教学环境，利用多媒体技术手段进行教学，并开发现代信息化教学资源，如电子阅览室、数字化图书馆、数字资料库等，为学生自主学习提供便捷的渠道和多元的平台，使体育教学更有趣、更生动、更具感染力和吸引力，有效激发学生学习热情和积极性，进而提升学生学习能力最终达到理想的教学效果。

三、体育教学与现代信息技术整合的模式

(一) 现代信息技术作为教学工具的整合模式

在信息技术辅助下的体育教学有多种表现形式，下面主要分析几种常见的形式。

1. 自主—监控型模式

自主—监控型模式是在网络教学环境下，教师提供教学资源，学生自主学习，教师监控学生学习，提供辅导。在这个模式中，学生可以根据自己的需要使用网络资源，教师监控学生活动，"手把手"对学生进行交互式辅导教学。

自主—监控模式的实施程序如下：

首先，教师从教学目标出发分析与处理教材，确定教学内容。如进行线上教学时，体育教师可将自己事先制作好的技术动作教学视频课件发给学生，让学生反复观看模仿练习。

其次，学生接收到体育教师的教学视频课件后，在教师的指导下独立或协作学习。

最后，学生根据教学视频课件进行了一段时间的学习后，体育教师可以通过多种方式进行点评。

2. 群体—讲授型模式

群体—讲授型模式是在同一时间向班级学生传授相同内容，并在教学方法与手段的实施中渗透信息技术。这种模式具有如下优势。

第一，图、文、声并茂，使教学更生动有趣。

第二，不受时空限制，便于巩固教学重、难点。

第三，简单易操作，能够快速、及时地呈现教学内容，提高教学效率。

群体—讲授型模式的实施程序如下：

首先，体育教师要充分研究教学内容，如进行武术教学内容设计时，可以将武术名家的事迹制作成课件供学生学习。

其次，体育教师可以通过教学课件创设一定的教学情境，让学生身临其境地参与其中。

最后，学习结束后，体育教师进行课堂总结。

3. 讨论型模式

师生通过网络交流进行实时和非实时讨论，这种教学模式一般用于教师提出问题，学生讨论问题的教学环节。不管是实时讨论还是非实时讨论，教师都

要认真倾听学生的想法，回应学生的问题，并对解决思路给予指导。讨论结束后，教师进行总结和评价。

讨论型模式可以使学生克服心理障碍，主动参与讨论、畅所欲言，并调动学生的思考积极性。讨论型的教学模式大多应用于体育理论课教学。

（二）现代信息技术作为学习工具的整合模式

在课堂教学中，可以将信息技术融入体育学习内容和学习资源获取、情境探究、交流讨论、知识构建以及自我评测的过程中。根据信息技术作为认知工具的应用环境和方式的不同，可以将整合模式分为下列几种。作为体育教师，也可以结合体育教学的特点和实际情况有选择地改革与创新这些模式并合理应用，从而达到预期的教学目标。以下几种模式可以应用于体育理论课的教学过程之中。

1. "资源利用—主题探究—合作学习"模式

在该模式下，学生通过社会调查、确定主题、分组整合资料、完成作品、意义建构等环节完成课程学习。教学过程如图 7-1 所示。

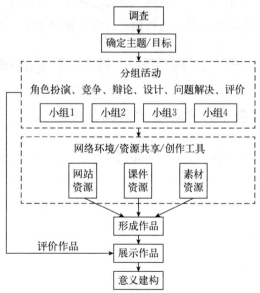

图 7-1　"资源利用—主题探究—合作学习"模式①

以奥林匹克运动发展研究为例，在体育教师的指导下，学生可以通过互联网平台搜集大量相关资料，并将搜集到的信息以多种方式呈现，然后

① 李伟明. 信息技术与课程整合探索［M］. 广州：广东教育出版社，2003.

与同学展开交流与探讨，在交流互动中拓展对于奥林匹克运动发展历程的认知。

2. "小组合作—远程协商"模式

在互联网环境下，学生自由组成合作学习小组，围绕同一学习主题而建立小组讨论专区，互相学习，交流意见，进行评比，如图 7-2 所示。

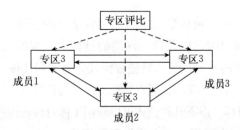

图 7-2 "小组合作—远程协商"模式①

该教学模式可以应用于在线教学或者课下交流过程中，学生通过相互合作对学习内容建立系统化认识。如在共同观看篮球比赛视频后，结合课堂教学内容总结对技战术应用新的理解，这种模式可以有效激发学生学习的积极性。

第二节 体育信息化教学环境的创设

一、体育信息化教学环境的全面创设

体育信息化教学环境主要包括硬件环境、软件环境以及潜在环境三个组成部分，创设体育信息化教学环境，要从这三个方面出发来全面创设，为体育信息化教学提供良好的环境保障。下面具体对这三种信息化教学环境的创设进行分析。

（一）硬件环境的创设

在体育信息化教学中，经常会用到一些基础的信息化教学设施，如信息化教学设备、校园网、信息化终端设备等，加强对这些基础设施的建设有助于顺利开展体育信息化教学。在体育信息化教学环境创设的整个过程中，硬件设施建设是非常重要的基础与前提。当前，多媒体教室、校园网等是高校普遍具备

---

① 李伟明．信息技术与课程整合探索［M］．广州：广东教育出版社，2003.

的信息化硬件条件，网络全面覆盖的目标基本实现，多媒体设备、体能测试信息化设备、运动训练检测设备等硬件设施为体育信息化教学与训练的开展提供了基本支撑。

因为信息化硬件设施建设需要投入的资金较多，一些高校鉴于多种原因，对体育专项的信息化设施建设不够重视，导致体育教学中遇到场馆信息化设备供应不足的问题，制约了信息化教学资源的作用发挥，最终影响了体育信息化教学的质量。

针对部分高校信息化教学中硬件环境建设方面存在的问题，高校领导应提高对体育信息化教学的重视程度，加大对体育专项信息化设施建设的投入力度，将体育专项信息化设施建设的内容纳入学校硬件环境建设规划中，同时设立专项经费，及时配置信息化教学软件和设备，并做好后续维护管理工作。此外，还应该充分收集师生的建议，建立反馈机制。加强对硬件环境的完善，充分发挥信息化教学设施的功能和价值，满足体育信息化教学的需要，提高体育信息化教学水平。

（二）软件环境的创设

在体育信息化教学环境创设中，开发数字图书馆资源，建设网络课程，建立信息化教学平台等是非常重要的内容。现阶段，随着互联网技术的不断发展及其在教育领域的深入渗透，网络学习日益普及，网络平台上丰富的体育学习资源为人们学习体育知识和参与体育运动提供了便利，为加强体育信息化课程建设，有必要建立体育信息资源库。现在很多体育教师与学生都习惯通过网络渠道获取自己需要的体育信息，体育教学中也逐渐增设了一些校内线上课程，而从公共平台上也可获取国家级、省级等丰富的体育精品课程资源，可以说，体育学习资源在一定程度上实现了共享。但也有一些课程的获取是受限的，而且在课程内容上存在雷同甚至重复现象，导致资源获取的有效性尚有待提升。

在体育信息化教学中，不仅要提高课堂信息化教学效率，还要通过构建多元的信息化渠道来为学生接受体质测试、进行在线选课以及获取体育学习资源提供便利，这就要求大力建设信息化平台，从而便于开展线上教学，使学生以便捷的方式获取学习资源，并促进资源在网络平台上的共享。

在建设体育教学信息化平台的过程中要充分考虑该平台的可操作性和实用性，对此要注意以下几点。

第一，体育教学信息化平台的建设者要对平台的身份认证、安全机制、权限控制、资源服务等功能进行完善，提升系统安全性和稳定性。

第二，平台建设者与管理者要关注师生的体验，不断挖掘丰富的教学资源，完善教学功能，设立教学导航，开通跨库检索功能，建立资源数据库。同时，整个平台在操作界面上要突显人性化，界面设计要实用、美观，为教学提供切实便利，支持多种形式的师生互动，从而促进信息化教学效果的提升。

（三）潜在环境的创设

体育信息化教学环境还包括潜在环境，潜在环境主要由信息化教学的保障政策、体育教师的信息化教学能力、学生的信息素养、信息化教学经费投入等几方面组成。潜在环境是体育教学信息化发展的重要影响因素。随着教育教学领域的不断改革与发展，国家相继出台一系列政策文件来支持与保障教育事业的信息化发展，但其中专门针对体育教学信息化发展的政策指引较少，在一定程度上制约了体育教学信息化发展的进程。

此外，当前在我国部分高校中，还存在体育教师信息化教学能力较差，缺乏信息化专业教学素养等问题，这些现状也对体育教学的信息化发展造成了一定阻碍。

1. 资金上优化结构，合理分配

为了推动高校体育教学的现代化发展，优化信息化教学环境，高校应该加大投入力度，设立专项经费，从而为建设信息化教学场地、招聘信息化教育人才、完善信息化教学资源库、建立信息化教学平台等提供资金支持。高校要对体育经费结构予以优化，做好年度预算，使体育经费得到最合理的利用，达到最佳使用效益。

2. 提升教师的信息化素养

高校应该定期开展关于信息化教学的专业培训，加大对信息化技术的宣传力度，为体育教师提供外出考察和学习交流的机会，将体育教师的信息化教学素养纳入教师考核机制中，提升体育教师对个人信息化素养和现代化教学能力建设的重视程度，提高体育教师运用信息技术进行教学改革的积极主动性。建议高校从办学条件出发而建立一支专业素质强、综合素质高的体育信息化教学团队，通过团队集体的智慧去探索体育教学的信息化改革与发展之路，并将对改革成果的评估纳入团队的综合评价中，并同时在个人业绩考核中加入此项内容，从而激发体育教师自觉提升个人信息化素养的动力。

3. 提升学生的信息化素养

随着信息化教学的不断发展，体育课堂教学中陆续引入一些信息化教学平台和信息化教学手段，这对学生的信息化学习能力提出了较高的要求，体育教

师应在信息化教学中培养学生利用新技术进行高效学习的意识和习惯。

　　高校体育教学以实践教学为主，也就是以身体活动为主，因此很多学生认为体育课上不适合进行信息化教学，不需要利用信息化技术来辅助学习。事实上，体育教学尽管以身体练习为主，但同样适合采用信息化技术手段来辅助教学，如通过数字平台进行理论学习、利用信息化手段评价学生的体能和技能水平等。高校应对信息化教学资源进行开发，优化课件的制作，以精炼的讲解、精准的示范来吸引学生，同时还要增加师生互动环节，并加强课堂、课外信息化教学的一体化建设，营造良好的信息化教学氛围，培养学生的学习兴趣，进而提升学生的信息化素养。

二、体育网络化教学环境创设

（一）多媒体网络教室

　　多媒体网络教室（多媒体网络机房、计算机网络教室）作为一种现代化教学系统，在我国高校得到广泛应用，高校普遍都建设了多媒体网络教室。多媒体网络教室是由若干台多媒体计算机及相关网络设备互联而形成的小型网络教学场所，可以将其作为计算机机房使用，也可以作为多媒体演示室、视听室、语音室使用，这体现了多媒体网络教室的主要功能及应用形态。使用多媒体网络教室必然离不开现代网络技术和多媒体技术的支持。多媒体网络教室的基本构成如图7-3所示。

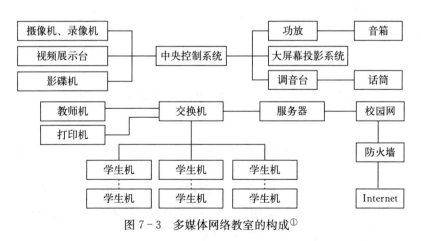

图7-3　多媒体网络教室的构成[①]

---

①　张文兰. 信息技术与课程整合 ［M］. 西安：陕西师范大学出版社，2012.

多媒体网络教室具有优化教学形式，给学生提供更多的实践机会、丰富教学内容，提高课堂效率等作用。

（二）校园网

校园网是指利用网络设备、通信介质和适宜的网络技术以及各类系统管理软件和应用软件将校园计算机和各种终端设备集成在一起，通过防火墙与外部网络连接，从而为学校教学、管理、科研、信息资源共享和远程教育等工作提供便利的局域网。[①] 校园网的建设及应用进一步提高了学校现代化办学水平，优化了学校教学条件与环境。

校园网在体育教学中的应用具有多样性、多层性，尤其是随着体育教学改革的不断深入，校园网络中心对于学校体育教育思想观念的传播、教学结构的调整、教学方法手段的优化、教学考核评价体系的完善等方面都有不同程度的影响，推动了体育教学改革进程。

校园网在教学中的应用如图 7-4 所示。

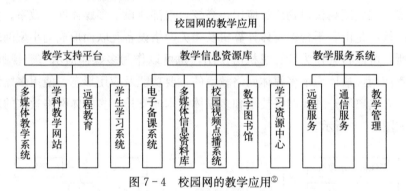

图 7-4　校园网的教学应用[②]

第三节　体育信息化教学课程的设计

一、体育信息化教学课程的设计——以体育微课课程教学为例

随着现代教育技术的不断发展，微课程逐渐流行，并在多个学科教学中得到运用，其在体育教学中的应用就是体育微课程。对体育微课程进行教学设计，有助于提升学生获取体育知识的兴趣、调动学生参与体育运动的积极性，

①② 张文兰 . 信息技术与课程整合 ［M］. 西安：陕西师范大学出版社，2012.

促进高校体育教学质量的提升。

（一）体育微课程功能模块设计

体育微课程功能模块设计如图 7-5 所示。

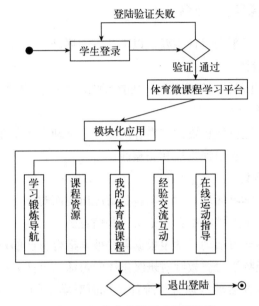

图 7-5　体育微课程功能模块①

体育微课程模块具体包含如下几方面的功能。

1. 学习锻炼导航

提供全面、详尽的检索服务界面，使学生尽快熟悉微课程的实施流程与方法。

2. 课程资源

建立体育基础理论、体能锻炼和体育项目等目录，各类目录下都有相关系列课程，包括多个教学微视频，并且每个视频都附有课程说明。

3. 我的体育微课程

在体育微课程系统中，"我的体育微课程"模块是核心部分，对学习者的学习历程全面跟踪，如体测信息、锻炼项目参与情况、锻炼成绩等。

4. 经验交流互动

为学生提供交流互动的平台，包括师生互动平台和同学之间的交流平台，

---

①　于晓红.体育微课程在大学体育教学中的创新设计与应用［J］.武术研究，2018，3（9）：139-141.

便于师生交流及学生之间分享学习心得，总结经验。

5. 在线运动指导

针对学生的特征而提供个性化运动处方，指导学生科学锻炼，培养其良好的运动习惯。

（二）体育微课程学习平台设计

体育微课程学习平台设计主要从以下几方面展开。

1. 课程目标设计

从不同层次学生的体质健康状况、技能水平出发而进行课程目标的分层设计。

2. 课程资源设计

根据课程目标进行课程资源与内容的设计，合理安排单元课程和各个知识点的讲解、演示，体现出连贯性和完整性。

3. 学习活动设计

（1）个人自主学习活动。学生从自身情况出发而对学习内容、地点、时间等自主选择，并在个人档案中自主记录这些信息。

（2）班级集体学习活动。学生根据需要搜索适合自己的班级，按照课程教学计划而进行微视频学习。教师对班级集体学习活动灵活安排，利用教学系统的跟踪功能对学生的活动数据进行统计，从而对学生的学习情况予以了解和掌握。

二、体育信息化教学课程设计的评价

（一）评价原则

1. 完整性和规范性

教学设计方案是否规范直接影响信息化教学的顺利开展，规范的设计方案要能够将完整的教学设计过程反映出来，要写明所有必要的环节，各环节要求前后一致，有逻辑关系，而不是简单堆砌各种内容。

2. 可实施性

对体育信息化教学课程设计进行评价，贯彻可操作性原则，也就是评价设计方案是否可行，具体要从学校条件、师生情况等因素来进行评价。

3. 媒体资源的支持性

信息教学必然离不开丰富的媒体资源，在信息化教学设计中，要尽可能选择具有支持性的媒体资源，充分发挥媒体资源的重要作用，而媒体资源的支持性主要从下列几方面体现出来。

第一，科学性。充分反映体育学科的先进水平。

第二，教育性。对实现信息化教学目标有益。

第三，经济性。以较少的必要成本支出即可获得较好的教学效果。

第四，艺术性。资源的表现力和感染力都很强。

4. 创新性

创新性也是重要评价原则之一，具体体现在以下几个方面。

第一，能够使教师和学生作为教学主导、主体的作用都得到充分发挥。

第二，提出具有创造性的解决策略，能够调动学生的学习积极性。

第三，将新的教育理念、教育技术和教育方法融入其中。

（二）评价维度

1. 教学目标阐述

是否反映了三个维度的教学目标，阐述是否清晰，契合实际。

2. 学习者特征分析

是否详细列出了学习者的认知习惯、起点水平及信息素养等方面的特征。

3. 教学策略选择与活动设计

第一，是否综合运用了多种教学策略，并对各种策略予以优化组合。

第二，活动设计是否与学习者特征相符，活动的形式和内容是否保持统一。

4. 教学资源设计

是否选择了有比较优势的多媒体资源和经济有效的信息技术。

5. 教学过程设计

第一，教学思路是否清晰、结构是否合理。

第二，是否合理分配了教学时间，是否突出了重、难点。

第三，教学是否有层次性，是否符合教学规律和学生学习规律。

6. 学习评价和反馈设计

第一，评价内容是否明确，是否注重对学生实践能力和创新能力的评价。

第二，是否及时反馈评价结果，并以正向反馈为主。

7. 总结和帮助

课后小结是否完整，是否针对学生学习中的问题提供帮助和支持。

教学设计的评价需要科学的维度量规，参考表 7-1。

表 7-1 信息化教学设计评价维度量规表[①]

项目	优	良	中	得分
教案总体结构（10分）	10～8分	7～5分	4～0分	
	包含基本要素，条理清晰，可调控	包含基本要素，条理基本清晰，调控性不够	缺乏某些要素，条理欠清晰，调控性不够	
学习者特征分析（10分）	10～8分	8～5分	4～0分	
	全面、准确地分析了学生的一般特征、初始能力、学习风格、学习动机与兴趣	较全面地分析了学生的特征、初始能力等	对学生的分析不够全面	
教学目标分析及教学重点、难点分析（15分）	15～11分	10～7分	6～0分	
	全面、准确地分析了教学目标，定义清晰；准确把握了重、难点，内容表述准确，能充分体现信息技术在教学中的应用	较完整、较合理地分析了教学目标，较好地定义了教学目标，部分教学目标与课程标准有关联；能围绕教学目标把握重、难点	简单分析了教学目标，表述没有错误；教学内容欠全面，未能体现教学重、难点	
教学方法选择（20分）	20～14分	13～7分	6～0分	
	能根据教学目标及学生特点采用灵活多样的教学方法	教学方法适度，符合学生特点	教学方法单一，没有充分调动学生学习积极性	
教学媒体选择（10分）	10～7分	6～4分	3～0分	
	能根据教学内容选用媒体，媒体整合恰当，突出了重点、有效解决了难点	选用的教学媒体恰当，支持教学方法的实施	没有很好地考虑媒体与方法之间的关系	

① 李文高 . 教学设计的新领域 信息化教学设计 ［M］. 昆明：云南大学出版社，2013.

（续）

项目	优	良	中	得分
	20～15分	14～7分	6～0分	
教学过程设计（20分）	教学过程充分体现教学内容特点，符合学生实际； 教学过程有独创性，教学效果好； 教学结构严谨，环环相扣，时间分配合理，密度适中，效率高	教学过程设计符合教学内容特点，符合学生实际； 教学过程有一定的独创性； 结构安排基本合理，时间分配合理，密度适中	教学思路设计符合教学内容实际，没考虑学生实际； 教学思路有问题，教学效果差； 教学结构不清晰，环节安排混乱	
	15～11分	10～7分	6～0分	
教学评价设计（15分）	针对目标，评价方式灵活	针对目标，评价方式以测验为主	针对目标不准确，评价形式单一	
总分				

第四节　网络教学资源平台在体育教学中的具体应用

一、网络教学资源平台在体育教学资源中的应用

　　一直以来，我国教育发展中都存在着严重的区域不平衡问题，东部沿海地区分布着大量的优质教学资源，中西部地区的优质教学资源则较少。随着现代化信息技术在教育领域中的应用，逐渐形成了网络教学资源平台，网络教学资源平台是各个地区的教师与学生都可以利用的，全国优秀的教学资源通过网络平台而实现了共享，这使得教育资源区域分布两极分化的不平衡现象得到了缓解。

　　高校体育课程相对较少，课时数不多，教学时间有限，有时难以充分满足教学需要，而开发与利用网络教学资源平台能弥补这一不足。大学生利用网络教学资源平台而获取自己需要的信息，以自主学习的形式丰富自己的体育知识，提升自己的体育素养。同时，学生可从兴趣爱好出发选择自己喜欢的体育课程，符合因材施教和个性化教育的理念，有利于促进学生的个性发展。

由于体育课时有限，再加之部分体育教师自身的专业能力尚有待提升，导致一些难度比较大的教学内容无法顺利传授给学生。例如，在传统体育课堂教学中，教师示范一些高难度动作时，可能因为多方面原因而导致动作不连贯、不规范，这样学生难以形成正确的动作概念、建立完整的动作定型。另外，当学生在学习一些动作的过程中遇到问题时，倘若教师不能及时提供正确示范和指导，也会影响学习效果甚至还会造成运动损伤。传统体育教学的缺陷可以通过网络教学资源平台来弥补。

通过观看网络教学资源平台上的优质运动教学视频，学生可掌握标准动作要领，同时，学生可以利用慢放、暂停、重播等功能键来了解动作细节，对于有难度的动作建立起正确完整的动作表象，形成对技术动作的正确理解，提高学习效率。依托网络教学资源平台进行自主学习还有利于学生养成终身体育锻炼的习惯。

二、网络教学资源平台在体育教学模式中的应用

网络教学资源平台在体育教学模式的构建与实施中得到广泛应用，下面主要从翻转课堂和智能终端两个方面来分析。

（一）翻转课堂

翻转课堂是一种利用网络教学资源平台使学生在课前自主学习，然后教师在课堂上集中解决学习的问题，进而使学生掌握教学内容的一种教学模式。依托信息化技术而构建的翻转课堂教学模式与传统课堂中教师教，学生被动学的课堂教学模式不同，更加强调学生自主学习、师生交流互动，在讨论中解决问题。

在体育教学中，翻转课堂主要分三个部分来实施。

首先，上课前，体育教师在网络教学资源平台上传教学内容，学生通过网络教学资源平台自主学习内容，并向老师反馈自己的问题。

其次，在教学过程中，体育教师根据课前收集的反馈而有针对性地授课，合理安排不同教学内容的讲授时间，对学生在学习中出现的普遍问题及个别问题逐一解决。

再次，课堂教学结束后，教师对学生的课前预习情况和课堂学习表现予以评价，引导学生对学习中出现的问题进行反思，最后布置课后作业以巩固学习成果。

（二）智能终端

体育教师利用智能终端设备制作有关教学内容的微视频，然后在课堂上播放视频。和传统的直观教学方法相比，这种方法更加生动、形象，有助于学生快速建立正确的动作表象。体育教师还可利用 Video Pix 等视频软件来制作具有慢速播放效果的动作分解视频，让学生清楚动作环节，掌握动作细节，形成正确的动作认知。

此外，对于学生上传的作业练习视频，也可以选取范例向所有学生推送，让大家一起评价，共同讨论，从而诊断课堂教学效果，查找问题总结经验，为教学的推进扫清障碍。

第八章 CHAPTER 8
素质教育理念下高校体育教学课程体系的建设与发展研究

素质教育理念下高校体育教学
课程建设的实证分析

本章从素质教育理念视角重点分析球类课程、田径课程、武术课程和健美操课程的建设情况，为高校体育教学课程体系的建设提供一定借鉴。

第一节 重点球类课程体系的建设

在高校体育教学中，球类运动是深受学生喜爱的一类运动，如足球、篮球、羽毛球、乒乓球等都是比较热门的项目，选择这些项目作为选修课的学生比比皆是。本节就重点以足球和篮球为例研究球类项目的课程建设。

一、高校球类课程教学组织与实施

（一）教学任务

1. 增强学生的运动能力，提升学生的身体素质

身体素质是从事各项体育运动的物质基础。球类运动本身需要学生具备跑、跳、投多项运动技能，而学生运动素质的提高是顺利完成技术和战术学习的有力保证。因此，增强学生身体的爆发力和耐力，提升运动速度和灵敏度是球类教学的重要任务。

2. 培养学生的协作意识和创新能力

很多球类运动都是集体型的对抗性项目，如足球、篮球、排球等。在项目教学中，教师不仅要充分讲授各项目的理论基础、技战术要点，还要引导学生树立团队意识，发扬协作、团结友爱的体育精神。另外，球类运动也属于一项创造性活动，各种技战术的综合运用离不开随机应变的能力，学生需要充分发挥主观能动性来应对赛场上的挑战。

（二）课程组成部分

1. 准备部分

准备部分主要以集体热身形式开展，重点安排走跑练习、基本体操和具有引导性、针对性、激励性的游戏等，以充分活动身体肌肉、关节为主要目的。另外还可以安排基础性的专项热身练习，如足球、篮球的控球练习。教师可根据学生实际情况适当调整准备活动的训练强度。

2. 主体部分

基本部分教学要围绕教学计划中的重点内容展开，结合学生情况来设计教学方案。在课堂教学中要充分讲解与示范，针对技术要领安排好学生的训练并及时予以指导。

3. 结束部分

在结束部分主要安排一些放松练习活动，教师根据主体部分的练习强度可安排慢跑、舒缓的拉伸练习等。放松活动完成后，教师要简要总结和评价本次课总体教学情况，肯定学生的进步，指出不足，最后布置课后作业。

（三）编写教案

第一，要明确课程任务。教师在确定课程任务时，要根据具体球类项目的培养目标和教学大纲、进度的具体要求与学生的实际情况，提出明确而具体的教学任务和目标要求。

第二，针对课程任务来合理确定可行的组织模式和教学方法。教学组织应严谨细致，如设计好练习的组织形式以及队伍的调动口令，以确保教学有条不紊地推进。

第三，要考虑场地、器材、设备以及学生的人数、体能基础、接受能力等，选择有效的练习方法，合理安排练习次数和运动负荷。

第四，注意前后课程之间的衔接，承上启下，从而保证教学的完整性和系统性。

二、高校球类课程教学实践指导

（一）足球课程教学

1. 接球技术教学

（1）脚背正面接球。以右脚接球为例，左脚支撑重心，右脚上抬接球，脚背触球后右腿收回（图 8-1）。

图 8-1　脚背正面接球

（2）脚内侧接球。以右脚脚内侧接地滚球为例，屈右膝，右脚稍抬离地面，触球后右脚着地，并稍向上提，使球向身体侧对方向缓缓滚进（图 8-2）。

图 8-2　脚内侧接球

2. 踢球技术教学

（1）脚内侧踢定位球。以右脚踢球为例，先助跑，右脚脚尖正对目标方向，接近球后，右脚脚尖翘起，脚掌与地面平行，以右脚内侧踢球，双臂配合前后摆动（图 8-3）。

图 8-3　脚内侧踢定位球

（2）脚背正面踢定位球。以右脚踢球为例，直线助跑，屈右膝，右腿后摆，接近球时，右小腿爆发式前摆，以脚背正面踢球后中部。然后身体继续前移，直至重心稳定，身体平衡（图8-4）。

图8-4 脚背正面踢定位球

（3）脚背正面踢侧面半高球。以左脚踢球为例，身体侧对目标方向，身体右倾，左腿上抬并快速向前摆动，以左脚脚背正面踢球中部（图8-5）。

图8-5 脚背正面踢侧面半高球

3. 射门技术教学

（1）直接射门。对于迎面来的地滚球，主动上前迎球踢球，支撑脚着地较球靠前，留出一定的空间，以便可选用脚背正面，脚背内、外侧和脚内侧踢球等方法射门。射门时身体稍前倾，摆腿时前摆幅度不要太大，击球的后中部，以保证射出球的高度不超过球门横梁。

（2）运球射门。运球至最后一步，推球力量稍大，距离稍远，以便助跑发力。由于运球射门时球是向前滚动的，所以支撑脚着地较球靠前，留出一定的空间，运用脚背正面、脚背内外侧踢球的方式射门。

4. 守门技术教学

（1）准备姿势。两脚开立，两腿屈膝并稍内扣，脚跟稍提起，用前脚掌支撑重心，上体稍前倾。两臂于体前屈肘，双手自然张开，掌心相对，目视来球

（图 8-6）。

（2）移动。守门员为了堵截对方的传球和射门，必须根据对方射门前球和人的位置变化而进行左右移动，移动方式主要是侧滑步、交叉步。

（3）接球。以接平空球为例，身体正对来球，两脚开立，上体稍前倾，两臂下垂并屈肘前迎，手掌对球，手触球瞬间，两臂后引并屈肘，顺势抱球于胸前（图 8-7）。

图 8-6　准备姿势　　　　　图 8-7　接平空球

（4）托球。预判来球运行轨迹，然后向后跃起，离球近的一侧手臂向后充分伸展，五指稍张，以前掌托球（图 8-8）。

（5）拳击球。在没有把握接住球的情况下，为了避免接球脱手，采用拳击球。先预判来球运行轨迹并快速移动到位，手握拳，来球靠近后用拳击球（图 8-9）。

图 8-8　托　球　　　　　图 8-9　拳击球

（二）篮球课程教学

1. 运球技术教学

（1）高运球。两脚开立，身体稍前倾，微屈膝，右臂自然弯曲，右手拍球上方，手臂跟随球移动的节奏上下来回摆动。每次拍按球后，使球尽量落在身体右前方（图 8 - 10）。

图 8 - 10　高运球

（2）低运球。屈膝，降低重心，上体前倾，主要用手指按拍球的后上方部位，动作短促有力，注意控制力度，使球弹起后尽量达到膝关节高度（图 8 - 11）。

图 8 - 11　低运球

2. 传球技术教学

（1）双手胸前传球。十指分开，双手拇指相对呈"八字形"，用指根以上部位持球，肘弯曲，球放在胸前。传球时，后腿蹬地、重心前移，手腕翻转，前臂伸展，拇指用力下压，手腕前屈，用食指和中指的力量拨球（图 8 - 12）。

图 8 - 12　双手胸前传球

（2）单手肩上传球。以右手传球为例。左脚向传球方向迈半步，同时引球到右肩上方，上臂与地面平行，肘臂外展，手腕后仰。左臂对准传球方向，重心放于右腿，右脚蹬地，转体，前臂迅速前挥，手腕前翻，用食指和中指的力量拨球。球出手后重心前移，保持身体平衡（图 8-13）。

图 8-13　单手肩上传球

3. 接球技术教学

（1）双手接球。目视来球，伸展手臂，十指分开，两手保持半圆形，间距适中，两手拇指与食指呈"八字形"，手掌相对，四指朝前上方。手指触球后，两臂随球后引，缓冲来球力量（图 8-14）。

图 8-14　双手接球

（2）单手接球。以右手接球为例。右脚向来球方向迈步，目视来球，接球时，手掌呈钩形，五指分开，右臂伸向来球。手指触球后，右臂顺势后下引，左手迅速握球（图 8-15）。

4. 投篮技术教学

投篮是持球队员将球投入篮圈所采用的各种动作方法的总称。

（1）原地右手投篮。双脚开立，屈肘，稍屈膝，上体前倾，手腕后仰，手心空出，持球于右前上方，左手扶球侧，目视篮点。投篮时两腿蹬伸，手腕前

图 8-15　单手接球

屈，食指和中指拨球（图 8-16）。

图 8-16　原地右手投篮

（2）跳起右手投篮。两脚开立，膝微屈，上体适度放松，目视篮圈。持球于胸腹间，起跳时，重心下移，伸腰、摆臂举球，同时向上跳起，至最高点时右臂伸向前上方，用指端拨球。落地时适度屈膝，以获得有效的缓冲，准备好抢篮板球或回防（图 8-17）。

图 8-17　跳起右手投篮

5. 持球突破技术教学

持球突破是持球队员运用脚步和运球技术超越对手的一项攻击性很强的技术。持球突破是得分的重要手段。

（1）原地持球交叉步突破。以右脚作中枢脚从防守队员右侧突破为例。两脚开立，微屈膝，重心下移，持球于胸腹位置。突破时，右脚向右前方迈小步，待防守者移动后，右脚快速蹬地向左前方跨一大步，稍向左转体，右肩向前下方压低，重心向左前方移，引球于身体左侧，左手推按球，左脚迅速蹬地突破对方的防守（图 8-18）。

图 8-18　原地持球交叉步突破

（2）原地持球同侧步突破。以左脚作中枢脚为例，准备姿势和突破前的动作要领同原地持球交叉步突破。突破时，用投篮假动作迷惑对方，当对手误判防守时，右脚迅速向前跨，上体随动，左脚用力蹬地前跨，边运球边突破防守（图 8-19）。

图 8-19 原地持球同侧步突破

6. 抢篮板球技术教学

抢篮板球是指在篮球比赛中双方运动员争抢投篮未中的球的技术。

（1）抢进攻篮板球。以外线队员抢篮板球且从防守队员身后左侧冲抢为例。进攻队员与球篮相对时，右脚向右跨步，做假动作，随后右脚以小步向左跨出，重心落在左脚，同时右脚迅速向前跨步绕前，挤靠防守队员，从而跳起抢篮板球或补篮（图 8-20）。

图 8-20　抢进攻篮板球

（2）抢防守篮板球。以外围的防守队员抢篮板球为例，当进攻队员投篮、防守队员面向对手时，进攻队员观察对手的意图，转身阻止对手移动到篮下，抢占有利位置。起跳抢球时，两臂上摆，同时，前脚掌用力蹬地，身体和手臂迅速伸展，并在最高点及时迅速抢球（图 8-21）。

图 8-21 抢防守篮板球

第二节 田径课程体系的建设

田径是最早进入我国学校体育课程的项目之一，田径运动所要求的技能属于体育基础技能，大部分运动项目都是建立在走、跑、跳等运动技术基础上的，因此开展好田径课程具有重要的意义。本节首先介绍我国竞技田径运动的发展情况，然后针对田径课程教学，提出促进学校田径课程发展的对策。

一、我国竞技田径运动的发展

伴随着竞技体育的不断发展，我国的竞技田径运动也取得了不错的成绩，在一些项目上达到了世界一流的水准。但总体而言，与世界竞技田径强国还存在一定的差距，需要大力追赶。我国竞技田径运动要想获得进一步的发展，需要从以下方面入手。

（一）树立全局观念、打破行业壁垒、建立新的发展机制

体育系统的"一条龙"培养模式是目前我国运动竞技系统培养运动员的核心机制，在各种利益与荣誉的驱动之下，运动员难以接受正规系统的文化教育，以致出现运动员退役后就业难的问题。调查显示，96％的重点体育院校的教练员、管理干部都认为运动员的思维水平和学习能力是影响运动训练效果的重要因素。

日后，我们应着眼于未来，重点关注当前呼声较高的"体教结合"模式的

培养机制，把更多项目投放到优势区域的重点体育学校和高校中去适时地探索体育运动学校与高校合作的新的人才培养机制。

（二）遵循规律、科学训练、储备后备人才

当下，任何国家要想在世界体坛占据优势地位，并保持长盛不衰，不能单纯依靠现役一线队员，还要关注后备人才的培养，合理建设人才梯队。[①]

田径后备人才的培养就是在国家体育总局的整体规划下，动员优势区域体育部门、高等院校，根据田径项目的发展需要在符合运动训练规律的前提下，科学组织训练，集中优势力量全面推广、重点发展促进田径项目后备竞技人才的储备工作。

大量的事实表明，田径运动项目的商业化运作和职业化发展延长了高水平运动员的运动寿命，运动员取得优异成绩的年龄后移。切不可拔苗助长，以避免年轻运动员过早退役，造成后备人才储备的无谓流失。

（三）提升教练员素质、完善训练体系、推进"训练—科研"一体化进程

调查统计显示，我国重点体育院校田径项目教练员拥有大专以上学历的已占90％。然而，在教练员的培训方面仍存在诸多问题：①教练员认识不到位，没有认识到参与培训对自身业务素质提高的必要性和重要性；②培训内容与实际训练有一定的差别，理论与实践结合不够；③一次参训人数较少，无法满足广大教练员的需要；④部分教练员缺乏主观能动性，只想学习到可直接使用的训练手段和方法，缺乏对训练思路的创新，培训效果不佳。

竞技体育事业的核心竞争力中，高水平的竞技主体是最为核心的要素，而竞技主体的组成部分是运动员和教练员，竞技主体中运动员竞技水平的高低取决于主体系统中教练员的执教水平。我国田径项目教练员的培训机制体制不够健全使得长期缺乏顶级的教练员，即使出现，也只是短期现象，后继人才难以接续。所以，必须重视和加强对教练员的培养，有效、系统提升其执教水平。

现如今，科技成果在运动训练领域的运用越来越广泛，要想在高水平竞技项目中获得成绩突破，需要在加强教练员素质、完善训练体系的同时，注重体育科学研究与运动训练的有机结合，推进"训练—科研"一体化的进程，以保持在项目上的核心竞争力。

---

① 周志雄，王保成. 奥运战略与我国田径运动后备力量培养的研究［J］. 体育科学，2003（1）.

二、高校田径课程教学组织与实施

（一）田径课程教学目标

高校田径教学的基本目标是使学生对田径基本理论、基本技术及技能予以掌握，形成良好的健身锻炼习惯，体育专业学生要具备参与田径活动及竞赛的基本能力。基于田径课程教学的基本目标对体育专业学生提出了如下要求。

第一，在训练项目中，田径运动居于重要地位，具有基础性作用，学生要对此有所认识，并对田径运动产生兴趣。

第二，关于田径基础理论知识、基本技术技能，学生要予以掌握，并能在田径健身锻炼、训练或比赛中将田径运动理论知识运用到实践中，用理论指导实践。

第三，高校体育教育专业学生要具备良好的田径教学能力，不仅自己会学、能做，还要会教、善讲，能够指导他人进行科学的田径锻炼，能够对校园田径课外活动进行组织与管理。

第四，专修田径课程的学生应具备田径科研能力、田径训练指导能力和田径竞赛组织裁判能力。

（二）田径课程教学内容如何选择

1. 健身性与竞技性

非体育专业类高校的田径课程教学注重田径运动的健身性，而体育专业高校往往要兼顾健身性和竞技性。非体育专业类高校开展田径课程时注重对学生身心素质以及社会适应能力的培养，强调通过田径教学全面提高学生的健康水平和身体活动能力。为了达到这一目的，高校要选择具有健身功能与娱乐价值的田径教学内容，培养学生的学习兴趣，提升学生的健康水平。在健身性田径教学内容的组织与实施中，要从不同专业学生的实际情况出发而安排教学方法与运动负荷，适当将田径运动的竞技性淡化到大部分学生都能接收的程度。

而体育专业类高校中特别是针对运动训练专业学生开设的田径课程，则要注重田径运动的竞技性，要通过科学专业的田径训练提高学生的专项竞技能力。对这类学生进行田径运动教学时，要注意选择竞技性突出的教学内容，使用符合标准的专业器材和运动场地，对学生的田径技能提出较高的要求，加强专业指导，并组织高水平比赛增加学生的实践经验，以此挖掘与培养优秀的田径后备人才。

2. 适宜性

高校田径课程授课教师要从学生的身心素质水平、运动能力、学习能力、年龄特征等真实情况出发而选择与其相适应、匹配度高的田径教学内容,与此同时还要综合考虑学校的教学环境、师资力量等因素。例如,对于初级学习水平的学生,适宜选择快速跑、接力跑、跨越式跳高、蹲踞式跳远等较为简单易学的教学内容,并在教学中适当放宽要求,以中小强度练习为主。当学生的田径运动水平提高后,可增加三级跳远、障碍跑等动作难度较大的项目。在高校田径运动器材充足的情况下,当学生达到一定的水平后,可传授跨栏跑、背越式跳高等技术。

(三) 体育教师可选择的田径课程教学方法

第一,矫正法。通过设计走步教学内容,纠正学生的不良身体姿势。

第二,完善法。通过改善性田径锻炼,改善学生体能缺陷。

第三,持续锻炼法。通过小强度持续性练习,增强学生的耐力。

第四,检查法。通过检查性活动发现学生的问题或改善情况。

第五,游戏法。通过田径游戏提高学生的健康体适能。

三、高校田径课程教学实践指导

(一) 短跑教学

1. 起跑技术

蹲踞式起跑分"就位""预备""鸣枪"三个阶段。

(1) 就位。听到"各就位"口令时,走到起跑器前,俯身两手撑地,两脚依次蹬在起跑器的前后抵趾板上,后腿膝盖跪撑,两手掌呈"人字形"撑在起跑线后沿,身体重心位于两手两脚支撑点中央,稍弓身,集中注意力等待下一个口令(图 8-22)。

图 8-22 就 位

（2）预备。听到"预备"口令后，臀部平稳抬起，肩向前移，重心前移，双臂有力支撑，压紧起跑器抵趾板。此时，前膝角为 $90°\sim100°$，后膝角为 $110°\sim130°$，集中注意力静等鸣枪（图 8-23）。

图 8-23 预 备

（3）鸣枪。听见枪声响后，手迅速离地，两臂屈肘快而有力地前后摆动，同时两腿迅速蹬离起跑器，屈膝快而有力地向前摆动，身体前倾。

完整起跑动作如图 8-24 所示。

图 8-24 起 跑

2. 加速跑技术

起跑后加速跑技术要点：上体前倾角适宜，蹬摆迅速有力，逐渐加大步长、加快步频。加速跑的起始速度较慢，两脚沿两条直线着地，随着速度的加快，脚的着地点逐渐靠近，直至在一条直线上（起跑后 10～15 米处）。

3. 途中跑技术

途中跑时，身体稍前倾，两臂以肩为轴，以肘用力（屈肘约 90°），手掌伸出做快而有力的摆动。前摆时肘关节弯曲 60°～70°，后摆时肘关节角度可达

130°～140°。大腿带动小腿自然有力地快速摆动，前脚掌扒式着地，两腿蹬摆与两臂摆动协调配合，目视终点（图8-25）。

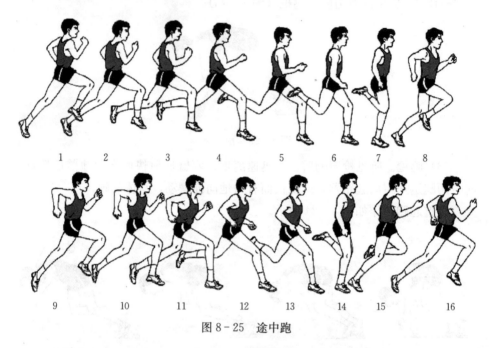

图8-25　途中跑

4. 弯道跑技术

（1）弯道起跑。弯道起跑技术要求有力地蹬腿、摆臂，迅速起动。起跑时，右手撑在起跑线后，左手撑在起跑线后约5～10厘米处，使身体正对跑道边线切线方向（图8-26）。

（2）弯道起跑后加速跑。弯道起跑后加速跑要求上体前倾角适宜，蹬摆有力，步幅渐增，重心渐抬，身体渐成直线，保持身体平衡。

图8-26　弯道起跑

（3）弯道途中跑。从直道进入弯道跑时，身体应有意识地向内倾斜，进入弯道后蹬跑时，右脚前脚掌内侧用力，左脚前脚掌外侧用力。大腿前摆时，右膝关节稍向内，摆动幅度比左膝大。右臂摆动幅度大于左臂，前摆时稍向左前方，后摆时右肘关节偏外，左臂稍离躯干做前后摆动。弯道跑时的蹬地与摆动方向都应与身体向圆心方向倾斜趋于一致。从弯道跑进直道，应在弯道的最后几米，身体逐渐减小内倾程度，并自然跑2～3步后转入正常途中跑。

（4）终点跑技术。到达终点前加速摆臂，上体适当前倾，加强后蹬和两臂摆动的力量，最后一步加大躯干前倾幅度以胸部冲过终点线。撞线后注意缓冲，不要突然停止。

（二）中长跑教学

1. 起跑技术

（1）半蹲式起跑。在起跑线后，有力的脚站于起跑线后沿，另一脚向后站立，前腿的异侧臂支撑地面，支撑手拇指与其他四指分开呈"人字形"撑在起跑线后沿，另一臂放在体侧。身体重心落在支撑臂与前腿上（图 8-27）。

图 8-27　半蹲式起跑

（2）站立式起跑。在起跑线后，两脚前后开立，前脚跟和后脚尖之间的距离约为一个脚掌长，重心大部分落在前脚掌上，后脚用脚尖支撑站立。两腿弯曲，上体前倾，头部稍抬。听到鸣枪或"跑"的口令时，两脚用力蹬地，后腿蹬地后迅速前摆，前腿充分蹬直，两臂配合两腿动作快而有力地摆动，快速跑出（图 8-28）。

图 8-28　站立式起跑

2. 加速跑技术

上体前倾幅度稍大，迅速而积极地摆腿、摆臂和后蹬。加速跑的距离主要根据项目、个人特点与比赛情况而定。

3. 途中跑技术

（1）上体姿势。上体与地面近乎垂直或上体稍前倾，胸微挺，腹微收，头部自然与上体成一直线，颈部放松，眼平视。整个躯干姿势自然而不僵硬。

（2）腿部动作。①后蹬和前摆。后蹬动作要求迅速而积极，依次伸展髋、膝、踝三关节，后蹬角度一般为 55°左右。当摆动腿通过身体垂直部位继续向前摆动时，支撑腿的各关节要迅速伸直。在后蹬结束时，后蹬腿完全伸直，上体、臀部与后蹬腿几乎呈一直线，摆动腿小腿与蹬地腿呈平行状态。前摆的动作方向与后蹬相反，其动作方向依次为踝、膝、髋。当支撑腿后蹬的同时，摆动腿前摆。前摆时，小腿应自然放松，依靠大腿的前摆动作，膝关节领先并带动髋部向前上方摆出。②腾空。后蹬腿蹬离地面后，人体进入腾空阶段。后蹬腿大腿向前上方摆动时，膝关节放松，小腿顺惯性与大腿自然折叠。当摆动腿的大腿摆至与地面垂直时，骨盆向摆动腿一侧下降，摆动腿的膝关节低于支撑腿的膝关节。③落地。当摆动腿前摆结束时，大腿开始向下运动，膝关节随之自然伸直，用前脚掌在离身体重心投影点的前方约一至一个半脚掌处着地。前脚掌着地后，膝关节稍稍弯曲直至垂直支撑时，再过渡到全脚掌着地。着地时，脚尖向前，两脚足迹内缘要在一条线上。

（3）摆臂动作。臂的摆动应和上体及腿部动作协调一致。两臂稍离开躯干，肘关节自然弯曲，约成直角，半握拳，两肩放松，以肩为轴前后自然摆动，前摆稍向内，后摆稍向外。

（4）弯道跑。弯道跑时身体适当向左倾斜，速度越快向左倾斜的程度越大。摆臂时，右臂向前摆动幅度稍大，左臂后摆幅度稍大。摆动腿前摆时，右膝前摆应稍向内扣，左膝前摆稍向外展。脚着地时，右腿带动前脚掌内侧着地，左腿带动前掌外侧着地。应始终靠近跑道的内沿跑。

（5）终点跑。终点跑的距离要根据项目特点、训练水平、战术需要以及比赛具体情况而定。一般情况下，800 米可在最后 300～200 米，1 500 米在最后 400～300 米，3 000 米以上可在最后 400 米或稍长的距离开始终点冲刺跑。

（三）跳远教学

1. 助跑技术

从静止状态开始，一般采用两腿微曲、两足左右平行站立的"半蹲式"，或两腿前后分立的"站立式"准备姿势，可选择走步或走跳步结合踩上第一个标志点，在行进间开始起动，在此过程中可以直接提速或者逐渐加速。

2. 起跳技术

起跳腿全脚掌迅速着地，快速蹬伸起跳腿，同时摆动腿并快速摆起两臂，眼看前方。

3. 空中（腾空）技术

身体腾至最高点时，起跳腿屈膝收起向摆动腿并拢，在空中成蹲踞动作，要落地时，两腿积极前伸。空中（腾空）技术主要有三种，一种是蹲踞式（图8-29），一种是挺身式（图8-30），还有一种是走步式（图8-31）。

图 8-29　蹲踞式跳远

图 8-30　挺身式跳远

图 8-31　走步式跳远

4. 落地技术

落地时，身体前倾，屈膝缓冲，双脚同时落地保持平衡，两臂后摆。

(四) 推铅球教学

下面主要介绍背向滑步推铅球（以右手持球为例）的基本技术。

1. 握球与持球

（1）握球。五指自然分开，把铅球放在食指、中指和无名指的指根处，大拇指和小指自然扶在铅球的两侧，手腕自然背屈（图 8-32）。

（2）持球。握好球后把铅球放在右侧锁骨外端，贴住颈右侧，掌心向内，右臂屈肘，从侧面看，右肘与身体处在同一平面（图 8-33）。

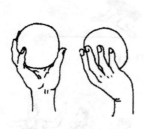

图 8-32　握　球　　　　　图 8-33　持　球

2. 预备姿势

背对投掷方向，右腿直立。左脚在右脚后方 20～30 厘米处，脚尖点地，微屈膝，身体站立端正，颈部正直，左臂向前上方自然伸出（图 8-34）。

3. 团身动作

团身动作是滑步的准备动作。在预备姿势的基础上，上体前俯，左臂下垂，同时左腿向后上方摆起，顺势屈右膝、收左腿、身体重心平稳下降，置于右脚前脚掌上，目视前下方（图 8-35）。

图 8-34　预备姿势　　　　　　　　图 8-35　团身动作

4. 滑步

滑步开始时，身体重心向投掷方向水平移动，左腿大腿带动小腿向抵趾板方向蹑出，左脚沿地面滑动，经过投掷圈直径约 3/4 时外翻，最后落在抵趾板中间略偏左处。右腿配合左腿蹬伸，右脚动作似滚动，髋部伸展，然后右小腿迅速内收，右脚稍内扣。左臂轻快地向投掷反方向摆动，右手臂动作不变。

5. 最后用力

滑步结束后右脚脚跟不落地，右脚内侧用力形成侧蹬动作，右腿侧蹬伴有转动，推动身体向前。左脚落地后，左腿保持蓄力状态，随着重心前移，微屈左膝再伸直，形成支撑后的蹬伸用力动作。上体由向后伸展的背面转成侧面，身体成侧弓形。

铅球出手时的身体姿势：左腿蹬直；右腿蹬伸；抬头挺胸，右臂伸直；左臂在身体左侧，左手低于左肩。铅球出手角度约 37°，出手点约在左脚脚尖上方或前上方。

滑步与最后用力的完整动作如图 8-36 所示。

图 8-36　滑步与最后用力

第三节　武术课程体系的建设

一、高校武术课程教学组织

(一) 确定教学目标

在确定武术教学目标时，需要依据以下几点进行。

第一，武术课程目标既包括整体目标也包括具体目标。每个阶段的武术教学都有其不同的重点任务，要帮助学生掌握与之对应的知识与技能。教学目标一般都是通过课时目标、学期目标、学年目标等来实现。

第二，教学目标要具体、精简，便于教师和学生共同把握。在合理的教学目标指引下学生可进行相应的学习规划，有利于学生的学习自主性和学习能力的培养。

第三，教学目标还需要具有一定灵活性，即教学目标是服务于学生主体的，当目标过于超前，或学生的整体素质偏高，可以适当地调整目标以满足实际需要。

(二) 设计课程教学方案

1. 武术课程"三位一体"教学方案设计

武术课是高等学校体育课程的重要组成部分，同时带有中国传统文化色彩并体现了刚健有为的民族精神，注重和谐、强调形神兼备，有着较高的教育和观赏价值。从武术课教学设计入手，将"课程思政"理念融入武术课教学的各个环节，使学生通过学习不仅掌握专项技能技术，还能在此过程中建立正确的世界观、人生观、价值观，使价值塑造、能力培养和知识传授融为一体。

针对武术课程的特点，我们要深入挖掘、探讨并分析武术课与"课程思政"的契合点，结合"课程思政"理念和武术课教学大纲要求，从教学目标、教学内容和过程、教学评价等方面进行"课程思政"理念下武术课程的教学设计。

（1）武术教学目标设计。在武术教学中，要求学生熟练掌握初级长拳和太极拳的理论知识与技术技能。结合"课程思政"理念，着重突出对武术传统文化的把握和传承，培养学生的责任感和规则意识，启发学生的创新性思维，激发学生勇于担当、团结协作的意志品质。充分利用多媒体网络和数字校园平台，实现理论课程和实践课程的有效衔接。

（2）武术教学内容设计。①武术基础理论知识学习。在理论讲解与示范欣赏中，渗透中华优秀传统文化、文化自信和民族精神。②武术套路技术动作学习。通过技术动作讲解，在实例论证、技能学习中注重提升学生们团结协作的集体主义精神。③技术动作融合和小组比赛。分小组进行比赛，以赛促学。培养学生们的创新和竞争意识。

（3）教学评价。教学评价采用教师评价和学生自评与互评相结合的方式。教师评价指教师通过课堂观察和课后访谈，对学生技能的掌握情况，学习的主动性、团队协作精神、竞争意识进行相应的点评，及时发现学生在学习过程中的问题并结合他们的实际表现给予客观评价和反馈。学生自评与互评则是从学生角度，发现自己或同伴在学习中存在的问题，并对自身或他人的课程参与程度、技能掌握程度、课上表现、小组内表现给予评价。

2. 武术课程"三位一体"教学方案设计实现路径

（1）深挖武术课程中的思政元素，确保"三位一体"教学效果。

（2）在教学目标设计中融入思政元素，在教学内容中拓展思政内容。

（3）注重教师自身思想道德素养的建设。

二、高校武术课教学实践指导

（一）步型教学

1. 马步

两脚左右开立，间距约为三倍脚长，脚尖正对前方，屈膝半蹲，大腿与地面平行，双目注视前方，两手抱拳于腰间。

2. 弓步

前脚稍微内扣，脚掌着地，屈膝，半蹲，大腿与地面平行，膝部约与脚面垂直；另一腿挺膝伸直，脚尖里扣斜向前方，脚掌着地，上体正对前方，两手抱拳于腰间。

3. 虚步

后脚尖斜向前，屈膝半蹲，大腿接近水平，全脚掌着地；前腿微屈，脚面绷紧，脚尖虚点地面。

4. 歇步

两腿交叉靠拢全蹲，左脚全脚掌着地，脚尖外展；右腿前脚掌着地，膝部贴近左膝外侧，臀部坐于右腿接近脚跟处，两手抱拳于腰间，双眼向左前方平视。左脚在前为左歇步，右脚在前为右歇步。练习时，左右交替进行。

5. 仆步

两脚左右开立，右腿屈膝全蹲，大腿和小腿靠紧，臀部接近小腿，右脚全脚掌着地，脚尖和膝关节外展；左腿挺直平仆，脚尖里扣，全脚掌着地，两手抱拳于腰间，双眼向左平视。仆左腿为左仆步；仆右腿为右仆步，左右交替进行。

（二）手法教学

1. 冲拳

两脚左右开立，两手握拳分别抱于腰侧，拳心向上，肘尖向后，目视前方。右拳从腰间旋臂向前快速冲出，力达拳面，直至手臂与肩齐高，同时向后牵拉左肘，眼睛注视前方。左右手交替练习。

2. 推掌

预备姿势与冲拳相同。右拳变掌，由腰间旋臂向前立掌推出，速度要快，臂伸直，力达掌外沿，目视前方。左右手交替练习。

3. 亮掌

预备姿势与冲拳相同。右拳变掌，由腰间向右、向上划弧至头右上方，肘微屈，抖腕翻掌。目视左方。

4. 架拳

预备姿势与冲拳相同。右拳自腰间向左经腹前、面前向头上方旋臂架起，臂微屈，拳心朝前上方。目视前方。

（三）步法教学

1. 盖步

两脚左右开立，与肩同宽，两手叉腰。重心左移，右脚提起，经左脚前向左侧横迈一步，右腿屈膝，脚尖外展；两腿交叉，重心偏于右腿。练习时左右脚交替进行。

2. 插步

预备动作与盖步相同。重心左移，右脚提起，经左脚后向左侧横迈一步，脚前掌着地，两腿交叉，重心偏于左腿。练习时左右交替进行。

3. 垫步

两脚前后开立，与肩同宽，两手叉腰。后脚离地提起，脚掌向前脚处落步，前脚脚掌蹬地立即向前上方跳起，将位置让与后脚，然后膝部弯曲将腿提起向前落步，目视前方。

4. 击步

预备动作同垫步。上体前倾，后脚离地提起，前脚随即蹬地前纵；后脚在空中向前碰击前脚；落地时，后脚先落地，双目平视前方。

5. 弧形步

预备动作同垫步。两腿略屈，两脚迅速连续向侧前方沿弧线行步，每步大小略比肩宽，双目平视前方。

（四）腿法教学

1. 直摆性腿法

（1）外摆腿。右脚上步，左脚尖勾紧，踢向右侧上方，经面前向左侧上方摆动，直腿落在右脚旁，目视前方。右掌和左掌也可在面前依次迎击左脚面。练习时左右腿交替进行。

（2）里合腿。右脚上步，左脚尖勾起里扣并踢向左上方，经面前向右侧上方直腿摆动，落在右脚旁。右掌也可在右侧上方迎击左脚掌。目视前方。练习时左右腿交替进行。

2. 屈伸性腿法

（1）弹腿。左腿支撑，右腿屈膝提起接近水平时，小腿猛力向前弹出，挺膝，力达脚尖。目视前方。左右腿交替进行练习。

（2）蹬腿。左腿支撑，右腿屈膝提起，脚尖勾起，以脚跟为发力点向前猛力蹬出，挺膝，脚高过腰。目视前方。左右腿交替练习。

（3）侧端腿。右脚经左脚前盖步，随即右腿伸直支撑，左腿屈膝提起，脚尖勾起内扣，用脚底向左上方猛力端出，脚高过腰，上体右倾。目视左侧方。

3. 扫转性腿法

成左弓步，两掌向前推出。左脚尖内扣，左腿膝部弯曲全蹲，成右仆步，同时上体前俯，两掌撑于地面，随上体向右后拧转的惯性力量，以左脚掌为轴，右脚贴地向后扫转一周。

三、武术套路之初级太极拳套路教学实践指导

初级太极拳套路主要是指二十四式太极拳套路，其内容精练，动作规范，能充分体现太极拳的运动特点，并有显著的健身功效。下面简单分析二十四式太极拳套路动作方法和练习要点。

（一）第一组

1. 起势

左腿向左移动一步，两臂前平举，双膝稍屈，按掌（图 8 - 37）。

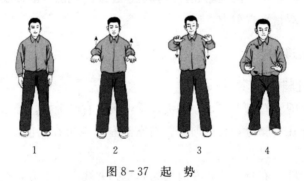

图 8 - 37　起　势

练习要点：

（1）头颈正直，下颌微向后收，集中精神。

（2）两肩下沉，两肘松垂，手指微屈。屈膝松腰，身体重心落于两腿间。

2. 左右野马分鬃

抱手收脚，转体迈步，弓步分手；转体撇脚，抱手收脚，转体迈步，弓步分手（图 8 - 38）。

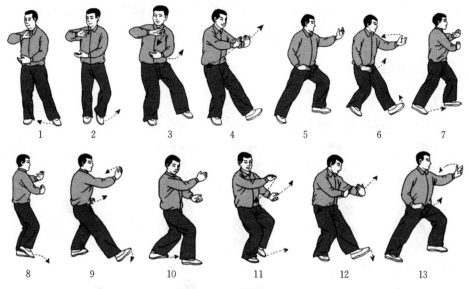

图 8 - 38　左右野马分鬃

练习要点：

（1）上体不可前俯后仰，胸部宽松舒展，两臂分开时保持弧形，身体以腰为轴转动。

（2）做弓步时，迈出的脚先脚跟着地，然后脚掌慢慢踏实，脚尖向前，后腿自然伸直，前后脚夹角为 45°～60°。

（3）野马分鬃式的弓步，前后脚的脚跟要分立于中轴线两侧，距离 10～30 厘米。

3. 白鹤亮翅

跟步抱手，臀部后坐，同时转体，虚步分手（图 8 - 39）。

图 8 - 39　白鹤亮翅

练习要点：

（1）完成过程中胸部不要挺出，两臂上下都要保持半圆形，左膝微屈。

（2）身体重心后移与右手上提、左手下按保持协调一致。

（二）第二组

1. 左右搂膝拗步

腰部与胯部放松，肩下沉，肘下垂，弓步推掌（图 8 - 40）。

图 8 - 40　左右搂膝拗步

练习要点：

（1）前手推出时，避免身体前俯后仰，要注意松腰松胯。推掌时沉肩垂肘、坐腕舒掌，同时弓腿。

（2）搂膝拗步成弓步时，两脚跟相距 30 厘米。

2. 手挥琵琶

跟步展臂，身体后坐挑掌，虚步送手（图 8 - 41）。

图 8-41　手挥琵琶

练习要点：

（1）身体平稳自然，沉肩垂肘，胸部放松。

（2）左手上起时要由左向上、向前，微带弧形。

（3）右脚跟进时，脚掌先着地，再全脚踏实。

3. 左右倒卷肱

转体撤手，提膝屈肘，退步错手，虚步推掌（图 8-42）。

图 8-42　左右倒卷肱

练习要点：

（1）前推的手不要伸直，后撤手也不可直向回抽，随转体走弧线。前推时，转腰松胯，两手速度一致，不能僵硬。

（2）退步时，脚掌先着地，再慢慢全脚踏实，同时，前脚随转体以脚掌为轴扭正。

（3）退左脚时略向左后斜，退右脚时略向右后斜，避免两脚落在一条直线上。

（三）第三组

1. 左揽雀尾

转体撤手，抱手收脚，迈步分手，弓步掤臂，转体摆臂，转体后将，转体搭手，弓步前挤，后坐收掌，弓步前按（图8-43）。

图8-43　左揽雀尾

练习要点：

（1）向前挤时，上体正直。

（2）掤出时，两臂前后均保持弧形。分手、松腰、弓腿必须协调一致。揽雀尾弓步时，两脚跟相距不超过 10 厘米。

（3）下捋时，防止上体前倾和臀部凸出，两臂下捋须随腰旋转，仍走弧线。左脚全掌着地。

（4）向前按时，两手须走曲线，手腕部与肩同高，两肘微屈。

2. 右揽雀尾

转体撤手，抱手收脚，迈步分手，弓步掤臂，转体摆臂，转体后捋，转体搭手，弓步前挤，后坐收掌，弓步前按（图 8－44）。

图 8－44 右揽雀尾

练习要点：

参照"左揽雀尾"，左右相反。

(四) 第四组

1. 单鞭 (其一)

转体摆臂, 勾手收脚, 转体迈步, 弓步推掌 (图 8-45)。

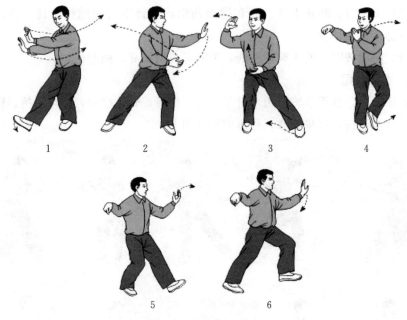

图 8-45 单鞭 (其一)

练习要点:

(1) 上体保持正直, 松腰。

(2) 完成单鞭式时, 右肘稍下垂, 左肘与左膝上下相对, 两肩下沉。左手向外翻掌前推时, 随转体边翻边推出。

(3) 在完成过渡动作时, 上下肢保持协调一致。

2. 云手

转体扣脚, 转体松勾, 收步云手, 开步云手 (图 8-46)。

图 8 - 46　云　手

练习要点：

（1）身体以腰脊为轴转动，松腰松胯，不可忽高忽低。两臂随腰的转动而运转，自然圆活。

（2）下肢移动时，身体重心要稳定，两脚掌先着地再踏实，脚尖向前，视线随左右手而移动。

（3）右脚最后跟步时，脚尖稍内扣。

3. 单鞭（其二）

转体勾手，转体迈步，弓步推掌（图 8 - 47）。

图 8 - 47　单鞭（其二）

练习要点：

与单鞭（其一）相同。

（五）第五组

1. 高探马

跟步松手，身体后坐并翻手（图 8 - 48）。

图 8 - 48　高探马

练习要点：

（1）上体正直，双肩下沉，右肘微下垂。

（2）跟步移换重心时，避免身体起伏。

2. 右蹬脚

穿掌提脚，迈步翻手，分手弓腿，跟步合抱，提膝分手，分手蹬脚（图 8 - 49）。

图 8 - 49　右蹬脚

练习要点：

（1）身体平稳，两手分开时腕部与肩齐平。

（2）左腿微屈，蹬脚时脚尖回勾，力量用在脚跟，分手和蹬脚协调一致，右臂和右腿上下相对。

3. 双峰贯耳

屈膝落手，迈步分手，弓步贯拳（图 8 - 50）。

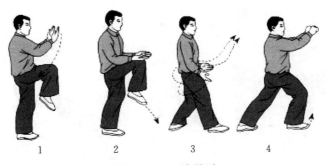

图 8-50　双峰贯耳

练习要点：

（1）完成式时，头颈正直，松腰松胯，两拳松握，沉肩垂肘，两臂呈弧形。

（2）弓步和身体方向与右蹬脚方向相同。

4. 转身左蹬脚

转体分手，收脚合抱，提膝分手，分手蹬脚（图 8-51）。

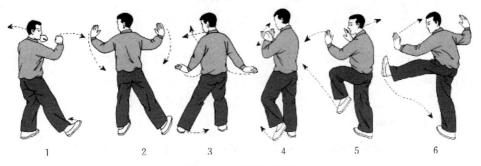

图 8-51　转身左蹬脚

练习要点：

参照右蹬脚，左右相反。

（六）第六组

1. 左下势独立

收脚勾手，屈膝下蹲成开步，仆步穿掌，弓腿起身，独立挑掌（图 8-52）。

图 8-52　左下势独立

练习要点：

（1）右腿全蹲时，防止上体过于前倾。左腿伸直，左脚尖内扣，两脚脚掌全部着地。左脚尖与右脚跟踏在中轴线上。

（2）上体正直，独立腿微屈，右腿提起时脚尖自然下垂。

2. 右下势独立

落脚勾手，屈膝下蹲成开步，仆步穿掌，弓腿起身，独立挑掌（图 8-53）。

5　　　　　　6　　　　　　7

图 8-53　右下势独立

练习要点：

（1）右脚尖触地后稍上提，然后再向下仆腿。

（2）参照"左下势独立"，左右相反。

（七）第七组

1. 左右穿梭

落脚转体，抱手收脚，迈步错手，弓步推架；转体撇脚，抱手收脚，迈步错手，弓步推架（图 8-54）。

1　　　2　　　3　　　4　　　5　　　6

7　　　8　　　9　　　10　　　11

图 8-54　左右穿梭

练习要点：

（1）完成式时，面向斜前方。

（2）手推出后，向上举时避免引肩上耸。

（3）一手上举一手前推要与弓腿松腰协调一致。

（4）做弓步时，两脚跟相距 30 厘米。

2. 海底针

跟步松手，身体后坐并提手，虚步插掌（图 8-55）。

图 8-55 海底针

练习要点：

（1）身体先向右转，再向左转。完成姿势面向正西。

（2）防止上体过分前倾、低头和臀部外凸。左腿微屈。

3. 闪通臂

提手收脚，迈步分手，弓步推掌（图 8-56）。

图 8-56 闪通臂

练习要点：

（1）完成式中，上体正直，松腰松胯；左臂不要完全伸直，背肌充分伸展。推掌、举掌和弓腿动作协调一致。

（2）弓步时，两脚跟之间距离不超过10厘米。

（八）第八组

1. 转身搬拦捶

转体扣脚，坐身握拳，垫步搬拳，转体收拳，上步拦掌，弓步打拳（图 8-57）。

图 8-57　转身搬拦捶

练习要点：

（1）防止右拳握太紧。右拳回收时，前臂慢慢内旋划弧，然后再外旋停于右腰旁，拳心向上。

（2）向前打拳时，右肩随拳略向前引伸，沉肩垂肘，右臂微屈。

2. 如封似闭

穿掌翻手，身体后坐并收掌，弓步按掌（图 8-58）。

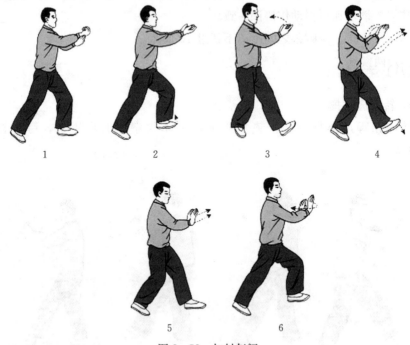

图 8-58　如封似闭

练习要点：

（1）身体后坐时不要后仰，臀部不可凸出。

（2）两臂随身体回收时，肩、肘部略向外松开，不要直接抽回。

3. 十字手

转身扣脚，弓腿分手，转体落手，收脚合抱（图 8-59）。

图 8-59　十字手

练习要点：

(1) 两手分开和合抱时防止上体前倾。

(2) 站起后，身体正直，头稍向上顶，下颌稍向后收。

(3) 两臂环抱时须圆满舒适，沉肩垂肘。

4. 收势

翻掌分手，分手下落，双脚并立还原起始姿势（图8-60）。

1   2

图8-60 收 势

练习要点：

(1) 两手分开下落时，全身放松，气徐徐下沉，呼气略加长。

(2) 呼吸平稳后，左脚收至右脚旁，再走动休息。

第四节 健美操课程体系的建设

一、高校健美操课程教学组织

(一) 健美操教学目标

1. 认识目标

健美操课程教学的主要目标在于使学生正确认识健美操运动的基本概念、特征、发展情况、作用及其他相关知识。

2. 技能目标

了解与掌握健美操基本动作、基本步法和手臂动作。通过健美操练习而增强体能和身体协调性，同时也要培养学生对音乐的感知和欣赏能力。

3. 情感目标

鼓励学生积极参与健美操课堂教学和课后活动，在健美操学习与锻炼中提升自信，磨炼意志，与同学建立深厚的友谊，并养成科学参与健美操锻炼的好习惯。

（二）健美操课程组织

1. 健美操理论课

健美操理论课程的主要内容是教师向学生介绍健美操相关的基本理论知识，包括健美操的原理、健美操的方法、健美操比赛的内容、组织形式、评分规则等。

（1）向学生介绍健美操项目的总体情况，让学生形成对健美操的基本认识，介绍的内容包括健美操的概念、健美操的种类、健美操运动的特征、健美操运动的意义、健美操的功能，健美操的发展状况等。

（2）向学生介绍健美操术语，包括健美操术语的概念、健美操术语的构成、健美操术语的记写方法、应该如何使用健美操术语以及健美操术语使用时的注意事项。

（3）向学生介绍健美操的基本动作，包括基本动作的概念、基本动作的特点与作用、基本动作的动作要领等。

（4）介绍健美操基本动作绘图技法、绘图的意义和作用，并引导学生学习单线条图的绘画方法、动作的完整记写方法。

（5）健美操音乐教学，包括健美操音乐的作用和意义、健美操常用的配乐种类、健美操配乐的选择、健美操音乐的使用和剪辑、音乐欣赏等。

（6）健美操教学的相关介绍，包括健美操教学的任务、健美操教学的特点、常用的健美操教学方法、健美操教学手段等。

（7）对健美操创编相关知识的介绍，包括创编健美操时需要注意的因素、创编健美操需要具备的技能、不同种类健美操的不同创编方法等。

（8）健美操的裁判方法介绍，包括健美操比赛的规则、评分的内容、评分的标准与方法、裁判员的组成与职责等。

2. 健美操实践课

根据健美操教学的发展阶段可以将健美操实践课程分为引导课、新授课、综合课、复习课，下面将对这几种课程的具体内容进行阐述。

（1）引导课。健美操实践课程的第一课一般称为引导课，开设引导课的目的是让学生在系统地进行身体训练之前，先对健美操训练形成一个基础的认识，比如健美操训练的主要特征、健美操的锻炼价值，课程的教学任务、教学规划、教学目标等。教师可以在引导课上先带领学生进行一些身体训练，比如让学生感受一些健美操的常用动作等，帮助学生形成对健美操运动的具象认识，帮助学生树立学习目标、端正学习态度。

（2）新授课。新授课是指教师在课堂上向学生教授新的健美操内容，并让学生大致掌握教学内容的课程。因为新授课的内容是学生第一次接触到，为了让学生建立对动作的正确认识，教师必须要进行非常详细的动作展示，在展示的时候还需要配上相关的动作讲解。同时，在制定新授课的教学计划时，要根据教学发展的客观规律，为每节课制定难度适当的教学任务和教学目标。

（3）综合课。综合课一般既包括已经学习过的内容又包括全新的课程内容。

（4）复习课。复习课以动作练习为主、讲解为辅。复习课要给学生安排大量的复习时间，让学生通过课堂练习纠正和改善动作，提高动作、技术水平；讲解一般围绕学生的错误动作进行，教师要注意使用简短精练的讲解语言。

（三）健美操教案的设计

1. 理论课教案的内容

（1）课程介绍。理论课教案要包括对本课时的总体情况介绍，介绍的内容涵盖课程名称、课次、授课日期、授课对象、授课地点、教学方式、本课题目、使用教材等。

（2）课程结构。包括教学任务、教学重点和难点、教学用具、教学主要内容、教法组织、学科进展与本课要点的归纳、本课相关主题参考资料、课后作业或预习要点以及课后教学小结。

2. 技术课教案的内容

（1）课程介绍。同理论课的课程介绍。

（2）课程结构。将整个课时分成准备阶段、进行阶段和结束阶段三个部分，明确每个阶段的教学时间分配、教学组织和教学方式、训练的内容、练习的次数等，并且要按照科学的方式测算每节课的教学强度和教学量。

（3）课后小结。课后小结是教师对自己本节课的教学情况进行的评价，教师需要在课后小结中写出本节课教学的优点和不足、学生对技术的掌握情况、教学改进措施等。完成课后小结对于教师不断自我反思、总结经验、提高教学质量具有重要的作用。

二、健美操课程教学实践指导

（一）上肢动作教学

1. 头颈部基本动作

（1）转。转包括左转、右转。头正直，头颈部沿身体垂直轴分别向左、右方向转动 90°（图 8-61）。

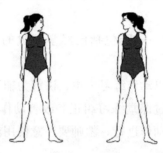

图 8-61 转（头颈部）

（2）屈。屈包括前屈、后屈、左侧屈、右侧屈 4 种动作形式，头分别向前、后、左、右 4 个方向做颈部关节弯曲的运动（图 8-62）。

（3）环绕。环绕包括左环绕和右环绕两种动作形式。向右环绕时，头保持正直，沿身体垂直轴向右转 360°，向左环绕时，要领相同，方向相反（图8-63）。

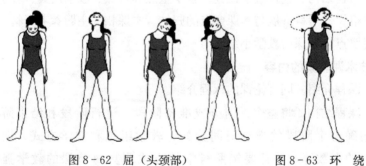

图 8-62 屈（头颈部）　　　　图 8-63 环 绕

2. 肩部基本动作

（1）提肩。提肩包括单提肩、双提肩两种动作形式。上体正直不动，双脚左右开立，沿身体垂直轴向上提肩（图 8-64）。

（2）沉肩。沉肩指双肩下沉。上体正直不动，双脚左右开立，沿身体垂直轴向下沉肩（图 8-65）。

（3）绕肩。绕肩包括单肩环绕、双肩环绕两种动作形式。上体正直不动，双脚左右开立，肩部向上、下、前、后四个方向绕动（图8-66）。

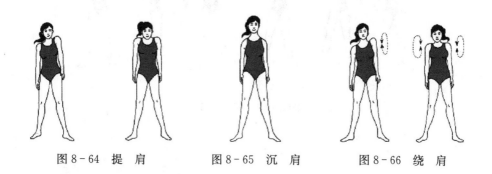

图8-64　提　肩　　　　　　图8-65　沉　肩　　　　　　图8-66　绕　肩

3. 手臂基本动作

（1）举。以肩关节为中心，手臂向前、后、两侧、侧上方、侧下方以及头顶方向充分伸展（图8-67）。

图8-67　举

（2）屈。手臂向不同方向做"屈"的动作，这是通过肘关节从伸直到弯曲或从弯曲到伸直完成的。该动作有胸前平屈、肩侧屈、肩上侧屈、肩下侧屈、胸前上屈、头后屈等几种变化形式（图8-68）。

（3）绕、绕环。单臂或两臂以肩为轴做弧线运动。可以向内、外、前、后不同方向运动完成该动作（图8-69）。

图 8-68　屈（手臂）

图 8-69　绕、绕环

（二）下肢动作教学

1. 腿部基本动作

（1）立。直立（开立）指身体直立，双腿分开，保持开立姿势。点立指身体先直立，然后一条腿伸出做点立，也可以双脚提起做提踵立。常见动作形式包括前点立、后点立、侧点立、提踵立。

（2）弓步。身体直立，一条腿迈出一大步并屈膝。可以向前、后、两侧不同方向做弓步动作，即前弓步、后弓步、侧弓步。

（3）踢。两腿交换做踢腿动作，可以向前、后、两侧不同方向踢腿，即前踢、后踢、侧踢。

（4）弹。两腿弹动动作。有正弹腿、侧弹腿两种形式。

（5）跳。完成各种姿势的跳跃练习，如并腿跳、踢腿跳、开合跳等。

2. 腰部基本动作

（1）屈。腰部向前、后、两侧做拉伸运动。即分别为前屈、后屈、侧屈。注意腰部充分伸展，注意控制速度（图 8-70）。

（2）转。腰部带动身体沿垂直轴向左、右方向转动。可以与四肢动作相结合。注意身体保持适度紧张，灵活转动，避免动作僵硬（图8-71）。

图8-70　屈（腰部）　　　　　　　　　　图8-71　转（腰部）

3. 髋部基本动作

（1）顶髋。上体正直，双脚左右开立，一腿支撑重心，另一腿屈膝内扣，双手叉腰，用力顶髋。顶髋包括前顶、后顶、左顶、右顶等动作形式。注意顶髋要有力度，节奏感明显（图8-72）。

（2）绕和环绕。沿弧线轨迹或圆周轨迹转髋，可以向左、右两个方向进行。注意髋部转动轨迹要圆滑（图8-73）。

图8-72　顶　髋　　　　　　　　　　图8-73　绕和环绕

参 考 文 献

曹丹，2018. 体育健康与体育教育学研究 [M]. 天津：天津科学技术出版社.

曹青军，2010. 运动训练理论与实践 [M]. 北京：北京理工大学出版社.

程辉，2016. 体育新课程背景下学校体育理论研究 [M]. 北京：科学出版社.

董晓雪，2013. 交往教学模式在排球教学中的应用 [J]. 当代体育科技，3 (22)：82, 84.

冯曜旭，2021. 现代信息技术与高校体育课程教学整合研究 [J]. 武当 (1)：71 - 72.

顾圣益，2004. 现代体育管理学：理论与应用 [M]. 大连：大连理工大学出版社.

郭亦鹏，2016. 高校教学管理信息化建设 [M]. 长春：吉林大学出版社.

胡强，2006. 以学生为本调整高校体育教学内容体系 [J]. 教育与职业 (18)：128 - 129.

黄军，2021. 高校体育专业课程结构设置及教学体系创新 [J]. 食品研究与开发，
42 (13)：249.

金春林，2015. 普通高校体育教学评价体系的构建研究 [J]. 运动 (20)：76 - 77.

李华伟，2012. 高校体育运动训练专业课程改革的路径 [J]. 神州 (23)：78.

李丽，2012. 优化理念对高职体育教学方法体系构建的导向作用研究 [J]. 赤峰学院学报
（自然科学版），28 (9)：178 - 179.

李启迪，邵伟德，2014. 体育教学基本理论研究 [M]. 北京：北京师范大学出版社.

李启迪，周妍，2012. 体育教学方法与手段甄异 [J]. 体育与科学，33 (6)：113 - 117.

李少勇，2008. 素质教育下体育教学评价体系及发展趋势研究 [J]. 甘肃联合大学学报（自
然科学版），22 (增刊1)：35 - 37.

李文高，2013. 教学设计的新领域 信息化教学设计 [M]. 昆明：云南大学出版社.

梁培根，2011. 信息技术与高校体育课程有效整合的策略研究 [D]. 苏州：苏州大学.

蔺新茂，毛振明，2014. 体育教学内容论 [M]. 北京：北京体育大学出版社.

刘佳，杨辉，2017. 体育课程教学论 [M]. 延吉：延边大学出版社.

刘志鹏，2013. 简析网络信息技术在高职体育教学管理中的运用 [J]. 运动 (21)：111 -
112, 116.

马定国，2006. 高校公共体育管理 [M]. 北京：北京体育大学出版社.

毛振明，于素梅，2009. 体育教学内容选编技巧与案例 [M]. 北京：北京师范大学出版社.

乔峰，2018. 大学体育运动训练课程改革 [J]. 体育世界（学术版）(4)：137, 141.

曲宗湖，2001. 体育教师的素质与基本功 [M]. 北京：人民体育出版社.

邵伟德，2005. 体育教学模式论［M］. 北京：北京体育大学出版社.

孙永梅，2021. "互联网＋"背景下高校体育教学信息化支撑环境与优化策略研究［J］. 海峡科学（5）：58-61.

谈群林，2011. 体育场馆经营管理实务［M］. 广州：华南理工大学出版社.

谭详列，2020. 高校体育教学创新模式构建途径［J］. 佳木斯职业学院学报，36（7）：143-144.

王棣，2021. 素质教育视野下的大学体育教学改革实践路径研究［J］. 当代体育科技，11（33）：55-57.

王梦轶，李旭，2020. 现代信息技术在高校体育教学中的具体应用［J］. 当代体育科技，10（5）：167，169.

王蓉蓉，王艳琼，丘文婷，等，2021. 广西高校体育硕士专业课程设置现状及对策研究［J］. 体育科技文献通报，29（6）：22-23，188.

王长宏，2012. 体育课堂教学目标优化及其思考［J］. 科技创新与应用（12）：286.

夏越，2019. 现代高校体育教学研究［M］. 北京：北京理工大学出版社.

肖林鹏，2009. 现代体育管理［M］. 北京：北京体育大学出版社.

许智勇，2015. 对高校体育教学内容体系构建与优化的研究［J］. 体育科技，36（4）：162-163.

杨桦，李宗浩，池建，2007. 运动训练学导论［M］. 北京：北京体育大学出版社.

于晓红，2018. 体育微课程在大学体育教学中的创新设计与应用［J］. 武术研究，3（9）：139-141.

张建龙，王炜，2009. 体育教学方法优化组合的依据、原则与程序［J］. 新西部（下半月）（5）.

张松奎，2013. 体育教育学［M］. 徐州：中国矿业大学出版社.

张文兰，2012. 信息技术与课程整合［M］. 西安：陕西师范大学出版社，2012.

张玉炼，2021. 高校体育教师专业化发展路径构想［J］. 继续教育研究（9）：38-41.

张振东，吴健，林克明，2001. 体育素质教育目标体系与培养方法［J］. 上海体育学院学报（增刊1）：147-149.

张振华，2014. 体育教学理论与方法［M］. 北京：北京师范大学出版社.

张志勇，2021. 素质教育的提出、内涵、发展及其实施环境［J］. 人民教育（11）：48-56.

赵顺来，车锦华，2003. 体育教师学［M］. 沈阳：中国科学文化出版社.

甄丽月，2015. 论高校体育教学评价体系的构建［J］. 当代体育科技，5（11）：121，123.

中公教育教师招聘考试命题研究中心组，2011. 体育教师招聘考试一本通［M］. 北京：现代教育出版社.

朱朝语，2021. 我国西北地区高校体育硕士（全日制）课程设置研究［D］. 银川：宁夏大学.

图书在版编目（CIP）数据

素质教育理念下高校体育教学课程体系的建设与发展
研究／董晓雪著．—北京：中国农业出版社，2022.8
　ISBN 978-7-109-29917-7

　Ⅰ.①素… Ⅱ.①董… Ⅲ.①体育教学－教学研究－
高等学校 Ⅳ.①G807.4

中国版本图书馆 CIP 数据核字（2022）第 158048 号

中国农业出版社
地址：北京市朝阳区麦子店街 18 号楼
邮编：100125
责任编辑：潘洪洋 文字编辑：邓琳琳
责任校对：吴丽婷
印刷：三河市国英印务有限公司
版次：2022 年 8 月第 1 版
印次：2022 年 8 月河北第 1 次印刷
发行：新华书店北京发行所
开本：700mm×1000mm 1/16
印张：10.75
字数：202 千字
定价：68.00 元